脳のパフォーマンスを最大まで引き出す

神・時間術

精神科医
樺沢紫苑
SHION KABASAWA

THE
TIME MANAGEMENT
MAXIMIZE BRAIN PERFORMANCE
Double the 24 hours scientifically!

大和書房

はじめに

「もっと時間を有効活用して、仕事で結果を出したい」

「自分のための勉強をしたいけど、毎日忙しすぎる」

「もっと家族と過ごす時間がほしい」

「たまにはのんびりする時間を持ちたい」


あなたもこんなふうに思っていませんか?


1日24時間は、すべての人間に平等に与えられています。しかし現実には、能力の差、収入の差、仕事の結果などで大きな差が生まれています。

その理由は、なぜなのでしょう?

それは、「時間の使い方」に差があるからです。

時間の使い方で、人生がすべて決まるのです。

人の4倍仕事をして、2倍遊ぶ「神がかった時間術」

私は、精神科医としてインターネットや書籍を通じて、メンタル疾患や病気の予防につながる精神医学、心理学、脳科学の情報をわかりやすくお伝えしています。

私はよく、「樺沢さんは、夜寝ているのですか？」「樺沢さんには、影武者がいるのですか？」と言われます。自己紹介がてら、私の日々のスケジュールを紹介しましょう。

・毎日、午前中は執筆時間で年3冊の本を出版
・メルマガ、YouTube、Facebook、ブログを毎日更新
・月6回の病院診療
・月20冊以上の読書と書評を公開
・月2、3回のセミナー、講演活動（いずれもオリジナルで新規の内容）

このスケジュールを、私は約7年間も継続しています。

多くのビジネス書がライターの手によって書かれていますが、私は書籍やメルマガなど、すべての文章を、一字一句、すべて自分の手で書いています。

「メルマガ毎日発行」「YouTube毎日更新」「月20冊の読書と書評」など、どれか一つをとっても、ずっと継続することはたいへんです。これらは、通常4人ほどで分担して終わらせるのがやっとでしょう。だから、「影武者がいる」という都市伝説も生まれるのです。

毎日これだけの仕事を、それもほぼ7年継続しているので、睡眠時間を削って仕事をしていると思われますが、**私は毎日7時間以上は必ず寝ています。**

もしかしたら仕事量だけを見ると、私と同じくらい働いている人はいるかもしれません。

しかし、さらに驚くべきことは、私の自由時間の多さです。

・週4、5回のジム通い。週2本の映画鑑賞
・月15回以上の夜の会食、パーティー、イベント。話題のレストランやバーめぐり
・年100種類以上のウイスキーのテイスティング
・年30日以上の海外旅行

私ほど多くの自由時間、趣味や娯楽の時間を確保し、人生を謳歌《おうか》している人は滅多にいません。それも、毎日4人分以上の仕事をこなしたうえでの話です。

私のこんな時間の使い方を友人に話したところ、彼は言いました。

「神がかっている！」

そんな、神がかった私の時間術を「神・時間術」と名づけました。

1日の中で、普通の人の4倍以上の仕事をこなして、2倍以上の自由時間を確保する。

そんな物理法則を無視した、「神・時間術」の秘密を知りたくありませんか？

多忙地獄の行末は？

「忙しくてしょうがない」「もっと時間がほしい」。実は、15年前の私も、あなたとまったく同じ悩みをかかえていました。

私は精神科医として病院に勤める勤務医でした。勤務医というのは、勤務時間に拘束《こうそく》され、ほぼ毎日残業ですから、サラリーマンと変わりません。

午前中は外来で数十人の患者さんを診察し、午後からは病棟での診察をし、さらに救急病棟や内科病棟からも呼び出されます。その間にも、緊急の電話が鳴ります。5時で診療が終わっても、会議や委員会に出席し、診断書や退院病歴などの書類を捌《さば》き、やっと一息ついたところで書籍や学術論文を読み、さらに論文を書くなど、自分の「勉強」をはじめるのです。

帰宅は11時過ぎ。1日14時間労働、終電間際の帰宅が当たり前です。

そんな地獄のように多忙な生活をしていたある日、目が覚めると強い耳鳴りに襲われました。疲れているだけだろうと放置していたら、日に日に耳鳴りが強くなり、やがて片耳はほとんど聞こえなくなりました。あわてて耳鼻科を受診すると、「蝸牛《かぎゅう》リンパ水腫《すいしゅ》」（突発性難聴の類縁疾患）と診断されました。「原因は何ですか？」と尋ねると、「ストレスです」と言われました。

皮肉なことに、**精神科医がストレスで病気になってしまったのです。**

「このまま放置すると、耳が聞こえなくなるかもしれません」とも言われました。

多くの患者さんと接していたのに、「仕事をしすぎると病気になる」という当たり前のことを忘れていたのです。

「忙殺《ぼうさつ》」という言葉がありますが、仕事に追われると、「心」を「亡」くして、病気になって本当に殺されてしまうのです。

この日から、私は生き方を変えました。仕事中心の生き方をあらため、もっと自分らしく生きようと決意しました。そして、時間配分や時間の使い方を根底から見直しました。つまり、「時間術」を変えたのです。

毎日、仕事に追われ、自分の時間を作るのが非常に難しかった中、私は時間の使い方を徹底的に工夫して、毎月2、30冊の本を読み続け、毎日、必ず文章を書き続け、自己投資、自分磨きを15年以上続けました。

その結果、アメリカへの留学のチャンスも手に入れ、本も出版できるようになりました。２０１５年に発売した『読んだら忘れない読書術』（サンマーク出版）は、15万部のベストセラーとなり、現在は作家として執筆時間を自由に確保でき、自分の時間を自由に使える状態になったのです。

時間の使い方を工夫しないと、忙しさに殺されます。

そんな「忙殺」状態だった私が、工夫に工夫を重ね、命をかけて磨きに磨きをかけてきた時間術。そして単なる自分の経験、体験の紹介ではなく、最新の脳科学、心理学研究も取り入れ、科学的な根拠のもとに体系化したのが、この「神・時間術」です。

人生を変えたければ、時間術を変えなさい

「今の自分の人生を大きく変えることは無理だ……」

「自分の将来は、たかがしれている……」

「目の前のレールを走り続けていくしかない……」

そう感じている人は、多いと思います。

だから、目の前の嫌なことを忘れるために、テレビやネットのおもしろ動画をだらだら見たりして、とりあえず「今だけ楽しい」という受動的な娯楽に時間を費やしてしまうのです。

あなたの時間の使い方を根底から見直してみませんか？

「時間」は、人生の「通貨」です。「時間」を「どのように使うのか？」によって、ありとあらゆるものを手に入れることができます。しかし、1日は24時間しかないので、「それをどのように使うのか」で人生が決まります。

つまり、**時間術を制するものが、人生を制し、仕事で成功し、幸せな家庭を築くことができるのです。**仕事術にはいろいろありますが、最も重要な仕事術は、「時間術」なのです。

集中力を高め、仕事効率をアップし、自分の自由時間を創り出す。その時間を自己投資のために使い、自己成長しながら、さらに時間を生み出していく。

本書では、あなたの人生が楽しくなり、「実践して本当によかった」と思える、「神・時間術」をお伝えしていきます。

神・時間術

CONTENTS

第1章
脳の機能を最大に生かす集中力の高め方

【最高の脳】その2

第2章 朝の時間を最大に生かす 脳のゴールデンタイム術

第3章
昼の時間を最大に生かす
午後のリセット術

第4章
夜の時間を最大に生かす運動&睡眠リセット術

第5章
仕事の時間を最大に生かす時間創出仕事術

第6章 自由時間を最大に生かす自己投資&リフレッシュ術

序章

最高の人生を手に入れる
「神・時間術」
4つの原則

神・時間術 第1原則

「集中力」を中心に時間を考える

英語論文がまったく書けなかった理由

今でこそ、私はこうして時間術の本を書くまでになりましたが、昔は時間の使い方で、相当に苦労しました。

今から、20年ほど前、私は大学の医局に在籍し、アルツハイマー病の病理学的研究をしていました。正確に言うと、昼は患者さんの診察をして、仕事が終わった5時くらいから実験を開始して、実験が終わるのは11時過ぎ。終電近い電車で帰宅する日も多く、勤務時間14時間も珍しくない、そんなハードな生活をしていました。

実験結果が出ると、それを論文にして発表します。医学研究の世界では、論文といえばふつう「英語論文」を意味します。

実験の待ち時間を使って、論文を書こうとするのですが、ちっとも筆が進みません。疲れたときにパソコンに向かっても、1時間で5行。つまり、たったの2、3文しか書けないのです。

「なんて自分は英語ができないんだ。もっと、英語を勉強しておけばよかった」と、自分の英語力に失望します。日本語の論文ならスラスラ書けるというのに、英語になるとまったく書けなくなる。それでも、毎日少しずつ書き進めていきますが、あまりの筆の遅さで、自己嫌悪に陥《おちい》るほどです。

大学に在籍していると、大学からの給料が少ないので、土日は郊外の病院に当直に行くことがあります。当直といっても、仕事は主に緊急対応だけなので、かなりゆったりとした時間を過ごせます。

ある日、当直の病院に着き、「よし、今日こそは論文を書くぞ!」と、なかなか進まなかった英語論文を書きはじめました。すると不思議なことに、スラスラと筆が進むではありませんか。

いつもだと頭に鉛が入ったような状態で、まったく文章が思い浮かばないのに、そのときは英語の文章がおもしろいように頭に浮かんできます。いつもの2、3倍の速さ、1時間で10行くらいのスピードで書き進めることができたのです。

「いやあ、今日は調子がいい。絶好調じゃないか」と、午前9時からの2時間ほどで、20行も書き進めることができたのです。

なぜ、今日はこんなに調子がいいのだろうかと考えたときに、私はハッとしました。いつも論文を書いていたのは、夜の9時前後。それも、日中は患者さんを診察し、さらに実験もしながらの、身体も頭もヘロヘロの状態で書いていたのです。

しかし、**その日は、午前中、それも身体も頭もまったく疲れていない、心技体ともに充実した状態である自分に気づきました。**

「ああ、文章というのは、身体も頭も疲れていない、集中力の高い午前中にしか書けないんだ」と気づいたのです。

それ以後、英語の論文を「夜」に書くのは一切やめて、当直日の「午前中」に書くようにしたところ、論文の執筆速度が猛烈《もうれつ》に速くなりました。さらに、論文の文章のクオリティも劇的にアップしたのです。

結果、私の初の英語論文は、病理学の分野では非常に権威がある一流雑誌「米国病理学雑誌」に掲載され、無事、博士号を取ることができました。

脳のゴールデンタイムを活用して、時間効率4倍

夜にはまったく書けなかった「英語の論文」が、午前中の時間を使うとおもしろいように順調に進めることができた。その理由は、その時間帯が、**「脳のゴールデンタイム」**だったからです。

人間の脳というのは、起きてから2、3時間は、脳が疲れておらず、さらに脳内が非常に整理された状態にあるため、脳のパフォーマンスが1日で最も高いのです。その時間帯は、「脳のゴールデンタイム」と呼ばれ、論理的な作業、文章執筆、語学の学習など、高い集中力を要する仕事に向いています。

なぜ、こんな重要なことに今まで気づかなかったのか。脳のパフォーマンスが最低な状態で、無理な仕事をすることで、自分は膨大な時間を失っていたのです。なんてもったいないことをしていたのでしょうか。

今でこそ、「脳のゴールデンタイム」という話は、脳科学本には普通に載っている話ですが、私が論文を書いていた1998年頃には、まだあまり一般的ではありませんでした。

実は、2000年以後、脳科学の研究が飛躍的に進歩しているのです。脳について、今

までわからなかったこと、ハッキリとしなかったことが、科学的なデータで明らかにされてきています。

脳科学的に最高のパフォーマンスを発揮できる時間帯に、それに合った仕事をすることで、仕事の効率を2倍以上に高めることが可能なのです。

仕事の効率を2倍以上高めるなんて無理だろう、と思う人もいるでしょうが、私の先の「英語論文」の例を思い出してください。夜に書くのと比べて午前中に書くことで、スピードが2倍になると同時に、文章のクオリティも2倍近くアップする。効率でいうと4倍くらいの効率になったのです。

1日は24時間ですが、その時間は均等に流れていません。

朝の1時間は、夜の1時間の4倍の価値があるのです。しかし、それに気づいている人は、非常に少ない。なぜならば、日本人の多くが、脳のゴールデンタイムを通勤時間とメールチェックに費やしている。まったく有効利用できていない人がほとんどだからです。

時間のジグソーパズル理論

私たちが日々行う仕事は、非常に集中力を要する仕事と、集中力をさほど使わなくてもできる仕事に二分できます。これを「**集中仕事**」と「**非集中仕事**」と呼びましょう。どのタイミングで集中仕事をするか。たったそれだけで1日でこなす仕事量が決まります。

「集中仕事」の例としては、文章を書く、プレゼンテーションの資料を作る、英語の資料を読む、英文を書く、決算書のように1円でも間違っては困る重要な書類作り、などです。

「非集中仕事」の例としては、メール・メッセージのチェック、電話をする、コピーをとる、資料や本に目を通す、会議、打ち合わせ、来客対応などです。

脳が疲れていないイキイキとした状態の午前中は、注意力・集中力を要する、脳に負荷《ふか》をかける「集中仕事」を要領よくこなすことができます。しかし、午後になって脳が疲れてくると、脳に大きな負荷をかける「集中仕事」ができなくなります。そこで、無理して「集中仕事」をしようとすると午前中の倍以上の時間がかかってしまうのです。

「非集中仕事」は、いつでもできます。例えばメールのチェック。これは、午前中もできるし、休憩時間にもできるし、食事をしながらでもできるし、電車での移動中にもできます。メールチェックのような、疲れていても楽にこなせる、「脳負荷」の少ない「非集中仕事」を、午前中の脳が最もイキイキとした時間帯、「脳のゴールデンタイム」にこなすことは、とんでもない時間の無駄です。

しかしながら、朝の始業時の最初の30分でメールチェック、メッセージのチェックとその返信を行っているサラリーマン、ビジネスマンは多いと思います。

私は、「午前中の時間価値は夜の4倍」と考えますので、「30分のメールチェック」は「2時間の時間損失」に匹敵します。

私の場合、メールチェックは、少し仕事をして「ああ、疲れたな」という状態で、気分転換がてら行います。そうした疲れた状態でもこなせるのが、メールチェックに代表される「非集中仕事」です。

ジグソーパズルをイメージしてください。そこにジグソーパズルをはめるときに、その大きさにピッタリとはまるピースをはめるべきです。しかし、ほとんどの人は、そのスペースよりも小さなピースをはめている。その余分なスペースが、時間の無駄です。

最後に、はまらない大きなピースだけが残ってしまい、「残業」という裏技で、強引につめ込み1日の収支をあわせるというのが、多くのサラリーマンが陥っている悪しきパターンです。

「集中仕事」は集中力の高い時間帯に行う。「非集中仕事」は集中力の低い時間帯に行う。

こうして仕事の配分を適切に行うだけで、仕事効率を2倍、最大で4倍にアップすることができます。

午前中の時間価値は4倍

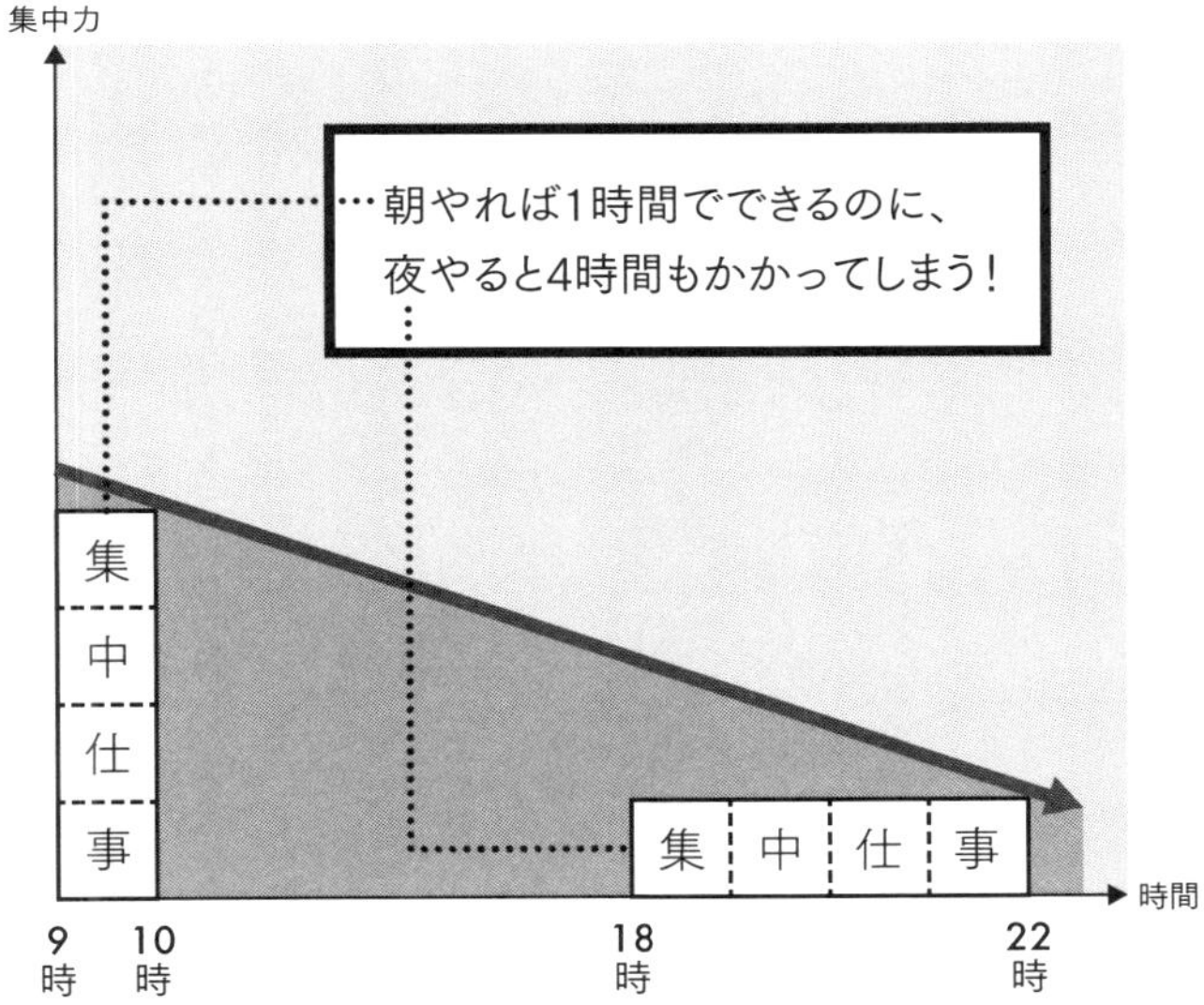

集中力を高めるのはやめなさい

ゴルフ・トーナメントのプレーオフ。ピンそば30センチにつけたプレーヤー。入ればバーディー・ショットで優勝が決まるという決定的な場面。1位と2位の賞金の差は、2千万円。ピンそば30センチですから、普段なら実に簡単なパットです。

しかし、痛恨《つうこん》のミスショット。ボールはホールの端をかすめてしまいます。そんな場面を何度か見かけたことがあるでしょう。

「これで勝てる!」という油断か。1打で2千万円の差になるプレッシャーか。4日間続けてきた緊張の糸が、もっとも肝心な最後の一瞬でプツリと切れてしまうのです。

また、1993年、カタールのドーハ。日本のサッカー、ワールドカップ初出場をかけた戦い。勝てばワールドカップ出場決定。1点リードで迎えたロスタイム。しかし、ロスタイム20秒で同点のゴールを決められてしまいます。サッカーファンは決して忘れられない「ドーハの悲劇《ひげき》」です。

このように、プロスポーツの世界で、最後の最後に緊張の糸が切れて逆転負けをするというのは、よくある話です。

プロのスポーツ選手というのは、メンタルトレーニングを行い、「集中力」を維持する練習を徹底的にしています。**私たち「普通の人」と比べて、圧倒的に高い集中力を持っているプロのスポーツ選手ですら、集中力を完全にコントロールすることはできないのです。**

まして、そうした訓練も受けていない、私たち「普通の人」が集中力をコントロールするというのは、至難の業《わざ》です。もしあなたが、集中力を自在にコントロールできるのであれば、すでにスポーツや学業の世界で、すごい結果を出せているはずです。

書店に行けば、「集中力を高める本」がたくさん出ています。読んで実践すれば、確かにある程度の効果は得られます。しかし、「自由に集中力を高められる！」と実感できるほど、簡単なものではありません。

仕事が終わってヘロヘロになって家に帰りついて、そこからいきなり集中力を高めて、自分の勉強の時間に充てるというのは、「ほぼ不可能」と言っていいでしょう。ですから、「集中力を高める」といっても限界があるのです。

しかし、「集中力」を活用する、もっと簡単な方法があります。それは誰にでもできる、明日からでもできる、とてつもなく簡単な方法です。

それは、「**集中力の高い時間に、集中力の必要な仕事をする**」ということです。つまり、いつ、どの仕事をするのかを割り振るだけです。これなら、誰にでも１００％、実行することが可能です。

「集中力の高い時間」というのは、「**起床後の2〜3時間**」「**休憩した直後**」「**終業間際の時間帯**」「**締め切りの前日**」などがそうですが、そうした「集中力が自然に高まる時間帯」に、「集中力の必要な仕事」をすればいいのです。

　どの時間帯にどんな仕事をするのか。集中力を加味した仕事の計画を立てるだけで、仕事の効率は、2倍、いやそれ以上変わってきます。

「集中仕事」と「非集中仕事」を、ジグソーパズルのように、それぞれ適切な時間帯に「当てはめる」だけで、仕事が圧倒的に効率化して、時間が創り出される。これが、時間のジグソーパズル理論です。

　集中時間を最大化する方法は、第1章「脳の機能を最大に生かす集中力の高め方」と、第2章「朝の時間を最大に生かす脳のゴールデンタイム術」で詳しくお伝えします。

第1原則のまとめ

- 仕事の種類を「集中仕事」と「非集中仕事」の2つに分ける
- 「集中仕事」を朝に持ってくる
- 朝の時間は夜の4倍の価値がある
- 変に集中力を高めようとしない

← 「最高の脳」については、第1章（P65）へ

← 「最高の朝」については、第2章（P107）へ

時間を生み出す集中力を「リセット」して

神・時間術 第2原則

一次元時間術から二次元時間術へ

時間というのは、「一次元」として考えられています。つまり、「線」のように、流れているということです。

そうすると、「電車での1時間の移動時間、ゲームをするのをやめて読書をしましょう」「メールチェックを1日5回なのを3回に減らして、できた時間を仕事に回しましょう」など、「無駄な時間」を減らして「有意義な時間」に置き換えるというのが、今までの時間術で語られてきたことです。すなわち、「一次元時間術」です。

30分節約して、その30分を別な時間に充てる。時間を「置き換える」だけの一次元時間術では、1日24時間という壁を突き破ることは不可能です。しかし、まったく発想を変えることで、1日24時間の壁を突破することが可能となります。

本書で紹介する時間術を図で示すと、横軸には「時間」、縦軸には「集中力」がきます。つまり、時間の進行が、「線」ではなく「面」になる。ですから、「**二次元時間術**」と呼ぶことができます。

第1原則でも述べたように、集中力が高い時間帯は、集中力が低い時間の2〜4倍の仕事をこなすことができます。集中力の高い時間帯に集中力を必要とすることをするだけで、「面積」は大きくなります。

つまり、仕事量を増やすことができる、という発想です。

二次元時間術（集中力×時間）

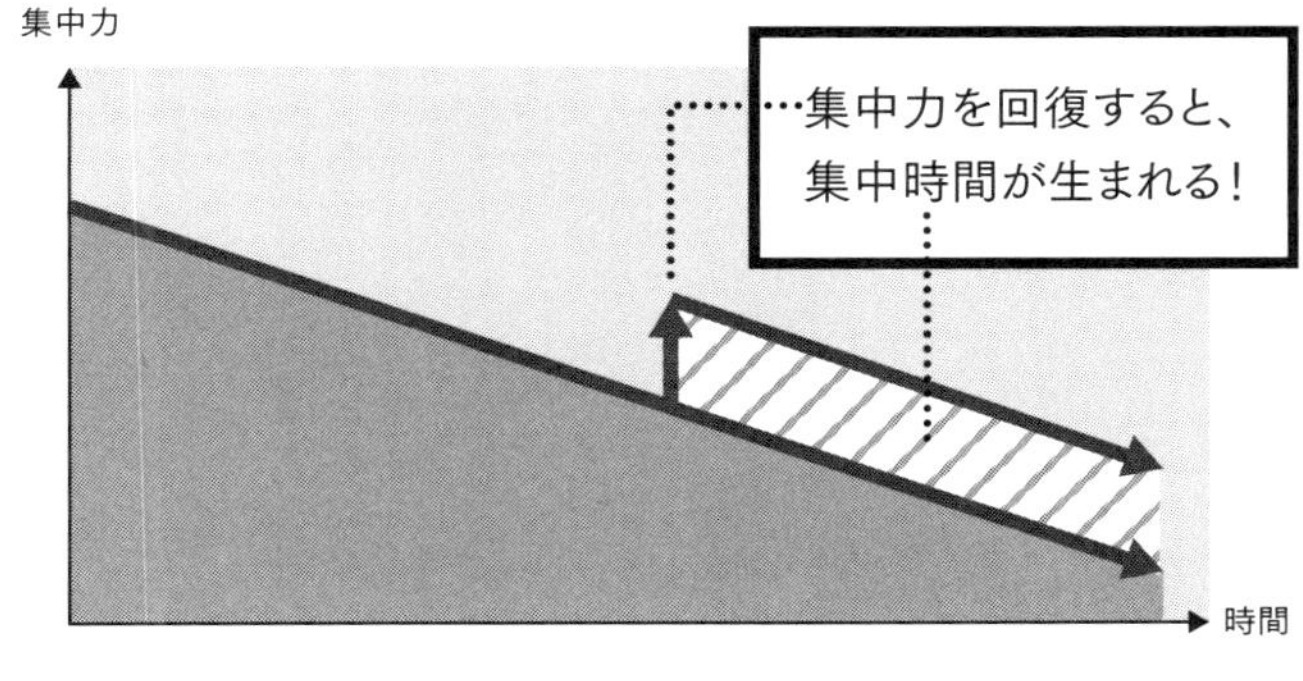

「集中力」×「時間」。この面積に相当するのが「集中時間」です。

「集中力」は「仕事効率」と言い換えてもほぼ同じです。

その場合、**「集中力（仕事効率）」×「時間」＝「仕事量」**になります。

もし、集中力を高めることができて、仕事効率を上げられれば、同じ時間内にこなす仕事量を2倍、3倍に増やすことだってできます。これこそが二次元時間術のすごいところです。

従来の物理学的な時間は、一次元で流れていますが、私の考える「集中時間」は二次元的に流れているのです。この二次元のイメージを持つだけで、仕事効率アップのアイデアがたくさん湧いてきます。

緩急をつけて疲れる前に休む

第1原則で、「集中力を高めることは難しい」と述べましたが、実は簡単に集中力を高める方法があります。**１００の集中力を１２０に高めることは難しいのですが、疲労によって低下している70の集中力を90に回復させることは簡単なのです。**なぜなら、適切なタイミングで、「休息」「リフレッシュ」の時間をはさめばいいだけですから。

仕事をして休み、仕事をして休む。疲れないうちに休むことが大切です。

日本人は、「頑張る」のは得意なのですが、自主的に「休む」ことが苦手です。「1日中、机に向かって、バリバリ仕事をするぞ！」という人も多いでしょうが、結局、頑張れば頑張るほど、集中力は低下し、疲労も蓄積《ちくせき》し、結果として仕事全体の効率は劇的に下がります。

疲れる前に休む。それによって集中力を回復できれば、「集中力×時間」である「集中時間」の面積は広がります。結果として、仕事の効率化、時間節約、時間短縮につながります。

集中力を高める特効薬は「睡眠」

集中力を高めることはやめさない、といいましたが、先ほども説明したように、100を120にすることは困難ですが、もしあなたが平均よりも低い集中力、たとえば50の状態だとすると、それを70に引き上げることは簡単です。

その最も簡単な方法が、「睡眠」です。

忙しい人に限って、睡眠時間が短くなる傾向があります。睡眠時間を削って仕事や勉強に充てようとしているのですが、これは仕事の効率を確実に下げると同時に、健康も害し、命を削る行為なので、絶対にするべきではありません。

睡眠時間を削ると、ガンのリスクは6倍、脳卒中は4倍、心筋梗塞は3倍、高血圧は2倍、糖尿病は3倍以上へと跳ね上がります。

日本人男性を対象にした研究で、睡眠時間が6時間以下の人は7～8時間の人に比べて死亡率が2・4倍高くなるという報告もあります。

つまり、**睡眠を削ることは命を削ることに等しいのです**。

仮に、睡眠を削って仕事をしてはかどればいいのですが、睡眠を削ると、翌日以降の集中力が大きく下がります。トータルで大きな集中時間を失います。

また、8時間睡眠を基準として、6時間、4時間の睡眠時間を14日連続観察し、脳機能への影響を調べた研究があります。それによると、作業機能、認知機能、覚醒維持機能のすべてが、8時間睡眠の人に対して6時間睡眠、4時間睡眠の人は日を追うごとに悪化しました。6時間の睡眠でも認知機能の低下が認められるのです。

別の研究報告では、人が日中に明晰な状態を維持するためには、7～9時間の質のいい睡眠が必要であるとしています。

睡眠不足と集中時間の喪失

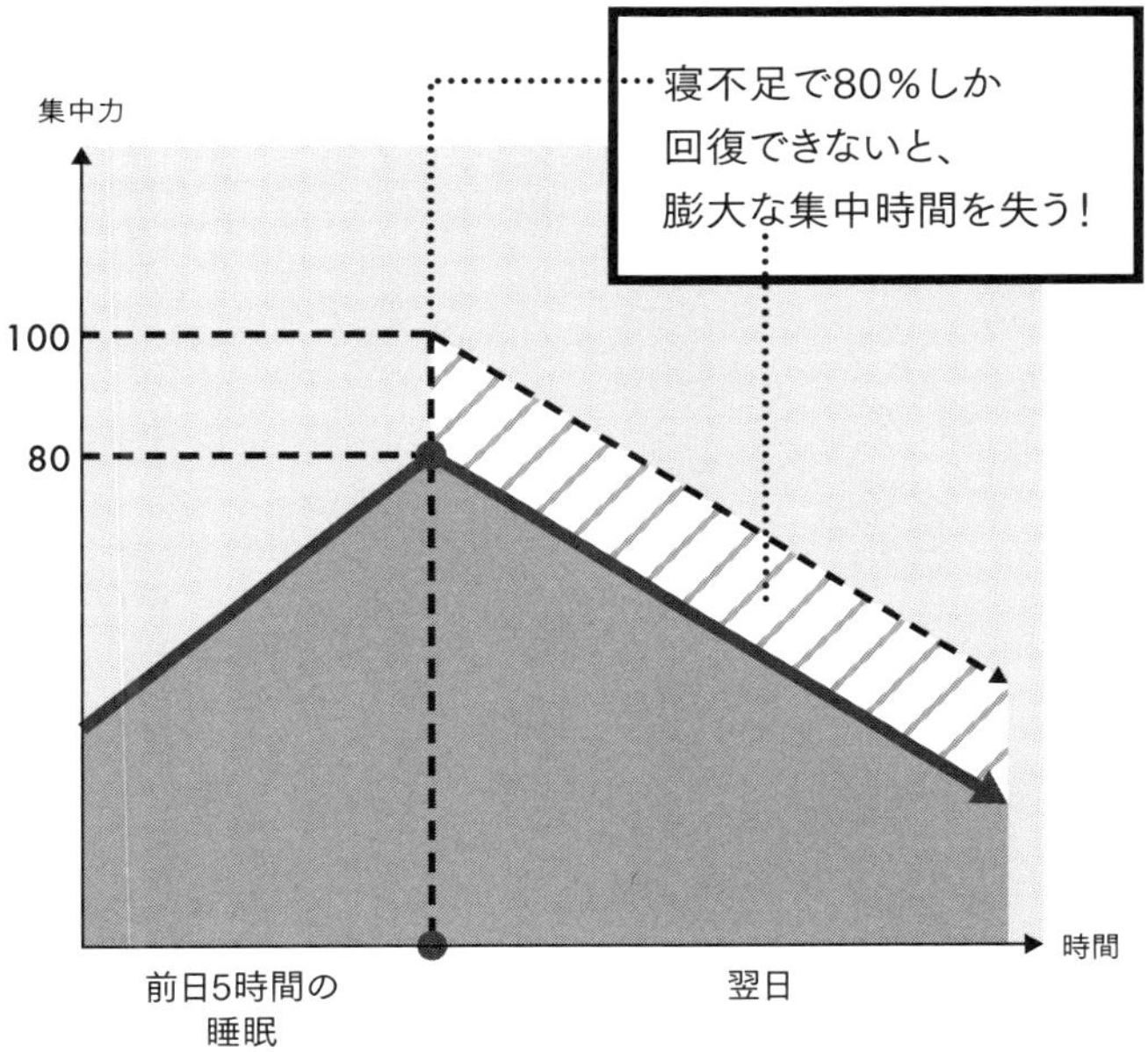

睡眠時間が短くなると、特に睡眠時間が6時間を切ると、翌日の集中力が著しく低下します。

翌日の集中力が低下するということは、「集中力×時間」の縦軸が短くなりますから、面積である「仕事量」が激減するということです。

睡眠時間を1時間削って、1時間仕事の時間を増やしても、翌日の集中力が仮に20%下がれば、20%多く働かないと、同じ仕事をこなせないのです。つまり、8時間労働であれば、その20%の1・6時間働かなければいけなくなります。結局、それでは時間の収支はマイナスになります。

神・時間術では、集中力を減らす生活習慣を避けて、集中力を高める生活習慣を意識します。

集中力を減らす生活習慣、その最たるものが「睡眠不足」というわけです。

逆に、今、睡眠不足になっている人は、睡眠時間を7時間以上にすることで、大幅な集中力アップと時間創出が期待できるのです。

集中力を完全にリセットする裏技とは

「高い集中力を必要とする本の執筆は午前中にしかできない」と書きましたが、実は午後や夜にも、高い集中力を必要とする仕事を上手にこなす裏技があります。

それが、「運動」です。

私は、週4、5回の運動を習慣にしています。1回60分から90分の有酸素運動、それが終わると、頭も身体もリセットされます。言うなれば、朝起きたときと同じくらい、すっきりとした状態になります。

スポーツジムから外に出ると、一目散でカフェに駆け込み、パソコンを広げて執筆を開始します。すると、朝起きたときの「脳のゴールデンタイム」と同じような状態になっていて、執筆が猛烈にはかどるのです。

運動は、脳に対してものすごくよい効果を発揮します。**「有酸素運動」をすることで、BDNF（脳由来神経栄養因子）という脳を育てる物質が分泌され、意欲を高めるドーパミンという脳内物質も分泌されます。**結果として、集中力が高まるだけではなく、記憶力、思考力、作業遂行《すいこう》能力など脳の多くの機能がアップするのです。

毎日の睡眠、あるいは運動の習慣など、日々の行動をほんの少し工夫するだけで、集中力を上手に回復させることができる。結果として、「集中時間」が創り出される。新しい時間が生み出されるのと同じ効果を得ることができます。

時間を創り出す「集中力リセット術」については、第3章「昼の時間を最大に生かす午後のリセット術」と、第4章「夜の時間を最大に生かす運動&睡眠リセット術」で詳しくお伝えします。

第2原則のまとめ

- 1日を「集中力×時間」の二次元で考える
- 昼からは適切なタイミングで「休息」を入れる
- 疲れた脳は「有酸素運動」でリセットする
- 「睡眠時間」は何があっても絶対に削らない

← 「最高の昼」については、
第3章（P137）へ

← 「最高の夜」については、
第4章（P169）へ

神・時間術 第3原則

アメリカ式の仕事効率を手に入れる

仕事効率を2倍に高める

本書では「仕事の効率を高める」「仕事の効率を高めよう」という表現が何度も出てきます。時間をやりくりするのではなく、集中力を意識して仕事効率を高めることができれば、単位時間の仕事量を増やすことができる。つまり、「集中時間」（集中力×時間の面積）を生み出すことができます。

今まで1時間かかっていた仕事を、なんとか50分で終わらせられないのか？ あるいは、45分に短縮できないのか？ そんな発想と工夫を繰り返すことで、私が実践している「神・時間術」は磨かれてきました。

仕事効率を高め、より短い時間で、さっさと仕事を終わらせるということです。

仕事効率をアップさせるためには、「集中力」を意識することが基本となりますが、それに加えて、**「仕事術的な創意工夫」や「仕事の無駄の排除」なども同時に行っていく必要があります**。

ここまでに「集中力を2倍にして、仕事効率を2倍にしよう」という表現を何度か使いましたが、あなたはそれを読んで「さすがに、2倍に高めるのは無理だろう」と思ったかもしれません。しかし、それは可能なのです。

「労働生産性」という指標があります。就業者一人当たりが働いて生み出す付加価値の割合であり、労働者がどれだけ効率的に成果を生み出したかを定量的に数値化したものです。簡単に言えば、「仕事効率」の指標のことです。

日本人は勤勉、日本人は優秀といわれますが、日本の労働生産性は、世界的にみてどの程度だと思いますか。

２０１６年の統計によると、日本の労働生産性は、ＯＥＣＤ加盟34カ国中第22位です。主要先進７カ国では１９９４年から22年連続で最下位となっています。つまり、**先進国でダントツ最下位の労働生産性なのです**。

時間当たり労働生産性は、日本の42・１に対してアメリカは68・３。アメリカの労働生産性は、日本の１・６倍も高いのです。

労働生産性は、個人の生産性だけではなく、企業・組織としての生産性やイノベーションの進行とも関係するので、一概には言えないものの、日本人は個人でも組織でも生産性が悪い。ざっくりと言えば、日本人はアメリカ人の１・６倍働かなければ、同じ価値を生産できない、ということです。

「日本人が優秀」というのはまったくの幻想です。日本人は、世界的にみて、圧倒的に効率の悪い働き方をしているのです。

それでも日本はＧＮＰで世界第３位です。それは、すごいことです。つまり、**効率が悪い分、長時間労働でカバーしてきたのです**。アメリカ人は５時に退社できるのに、日本人は２、３時間残業するのが当たり前という生活スタイルは、「労働生産性」の統計結果をそのまま反映していると言えるでしょう。

労働生産性の国際比較。このデータは、非常に残念なデータではありますが、裏読みすれば非常に可能性のあるデータとも言えます。なぜなら、「改善の余地がものすごくある」と言えるからです。

仮に、**日本人がアメリカ人なみの労働生産性を手に入れたとすれば、労働効率は今の**

１・６倍になるのです。

イメージとしては、アメリカ人の平均よりもやや効率的な労働者ほどの仕事ができるようになれば、労働効率が2倍になったということが言えるわけです。

生産性アップが日本人を救う

今、日本は世界第9位の自殺率の高い国です。私は、日本の「労働生産性」の低さが、日本の自殺率の高さと関係があると考えています。「労働生産性」が低いのに、それなりの価値を生み出そうとするならば、必然的に長時間労働にならざるをえない。そしてそれは、過酷《かこく》な労働環境につながります。

今や世界第2位の自殺率の高さで知られる韓国の時間当たり労働生産性は、日本の42・1に対して、31・9ですから、日本よりもさらに約30％も低いのです。自殺率の高いロシアやハンガリーの労働生産性も、やはり日本を下回っています。

「労働生産性」を高めるということは、日本人の労働環境を改善するということであり、日本人の自殺率を低減することにもつながります。私も精神科医として強い関心を持って、長い間、労働生産性を高める、仕事効率を高める方法を研究してきました。

私の３年間のアメリカ留学中に、アメリカ人はなぜ労働効率が高いのか？　アメリカ人は、どうやって仕事を効率的にこなしているのか？　ということを徹底して観察しました。結果として、**アメリカ人の生産性の高い働き方、その秘密を発見したのです**。

本書では、そうした私のアメリカでの体験談を随所に盛り込みました。それらアメリカ式の効率のいい仕事術を、私たち日本人の仕事に取り入れることができれば、仕事効率を１・６倍にする。あるいは、それ以上に高めることは可能な話なのです。

アメリカ式の効率化仕事術については、第５章の「仕事の時間を最大に生かす時間創出仕事術」で詳しくお伝えします。

第3原則のまとめ

- 集中力以外にも「仕事術」を使う
- 仕事の「効率アップ」に工夫を重ね続ける
- 日本人の「労働生産性」は、まだまだ上がる余地がある
- 効率を上げて長時間労働から「解放する」ことを目指す

← 「最高の仕事」については、
第5章（P215）へ

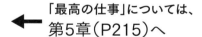

神・時間術 第4原則

「自己投資」のために時間を使う

忙しくなる時間術はもうやめよう

「時間術」についての本はたくさん出版されています。あなたも、すでに何冊か読んでいるかもしれません。それらの時間術を実行すると、おそらく1日で1時間、2時間という「自由時間」を創り出すことができるはずです。しかし重要なのは、その「自由時間」を何のために使うのか、ということです。

時間術によって生まれた「自由時間」を、「仕事」のために使う人が多いと思いますが、それは最悪の時間術と言わざるをえません。

時間術で生まれた「自由時間」で、「仕事」をする。さらに時間術を実行して「自由時間」を創り、さらに「仕事」時間を増やす。これを繰り返すと、1日のほとんどが「仕事」の予定で埋めつくされ、社畜のように息をつく暇もない。コマネズミのように働く生活が死ぬまで続くことになります。考えただけでゾッとしますね。

私が紹介する時間術は、「**忙しさから解放される方法**」です。仕事時間を固定して、その時間内にできる仕事の量を増やし、仕事の質も高めるという発想なのです。しっかりと実行すれば、必ず忙しさから解放されます。

では、時間術によって生まれた「自由時間」を、どのように活用すればいいのでしょうか。そこが時間術のキモであると思うのですが、そこまで書かれていない時間術の本がとても多いのです。

私は、時間術によって生まれた「自由時間」は、「自己投資」「能動的娯楽」「楽しむ」ために使うべきだと考えます。

ゲームをする人、読書をする人

あなたは、今の人生に満足していますか？

今日のような1日が明日も続く。明後日も、10年後も、そして30年後も。

おそらく多くの人は、それは避けたい未来だと考えるはずです。

今の自分を変えたい、自己成長とよりよい将来のために、この本を読んでいるはずです。

私は電車に乗るたびに、スマホでゲームやメッセージのチェックを熱心にやっている人を見ますが、その時間を「読書」に費やしたらどうなるだろうといつも思います。

電車の中でゲームをするか、読書をするか。東京都内の会社に勤める人の平均通勤時間は、片道1時間といいます。つまり、1日往復2時間で、3日で6時間、電車での移動時間をすべて読書に充てれば、3日で1冊、月6冊は本を読めるのです。

1年で72冊。10年で720冊です。

同じ会社に勤めて、同じ仕事をしていても、それだけのインプット量の違いが生まれるのなら、「自己成長」の度合いも違ってくるはずです。

多分、今とは、まったく違った人生が開けてくるに違いありません。

「娯楽」には、「**受動的娯楽**」と「**能動的娯楽**」があります。「楽しい」という点では同じかもしれませんが、テレビやゲームに代表される「受動的娯楽」は、ただ時間を浪費するだけです。読書、スポーツ、楽器の演奏、ボードゲーム（チェスや将棋）などは、自己成長を促す「能動的娯楽」といえます。

「能動的娯楽」をさらにアウトプットと組み合わせることで、自己成長が加速度的に引き

自己投資と成長の無限スパイラル

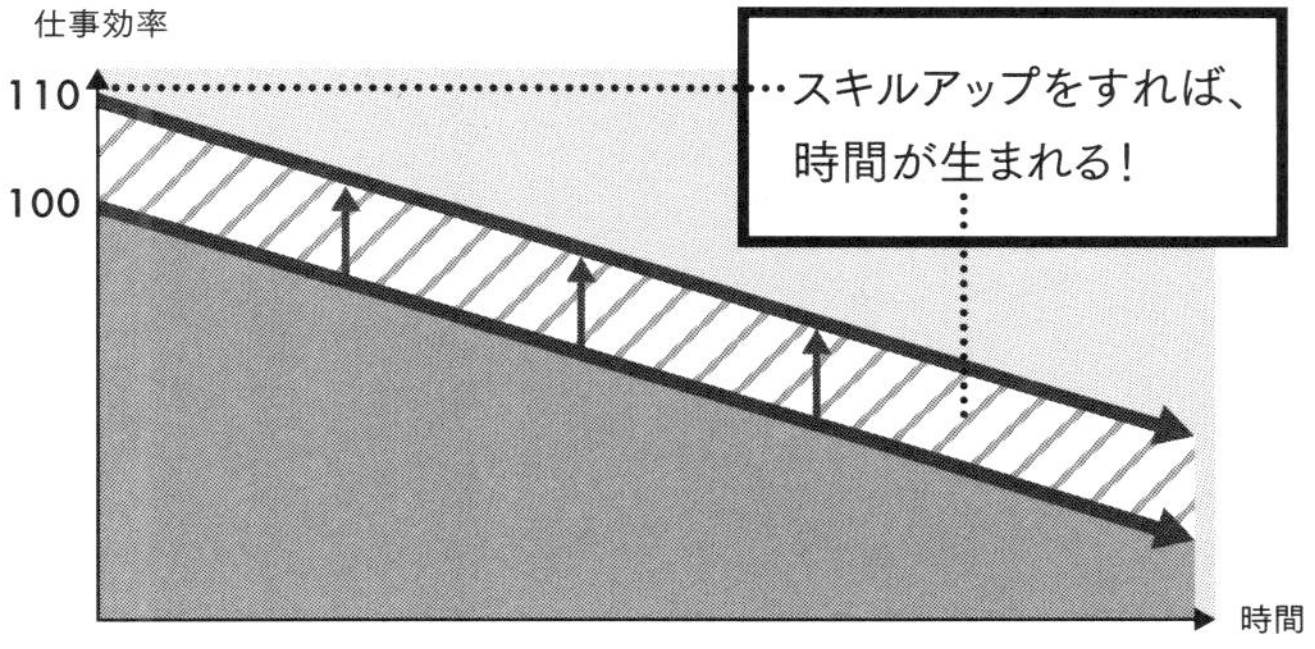

つまり、本書のノウハウを実行すれば…

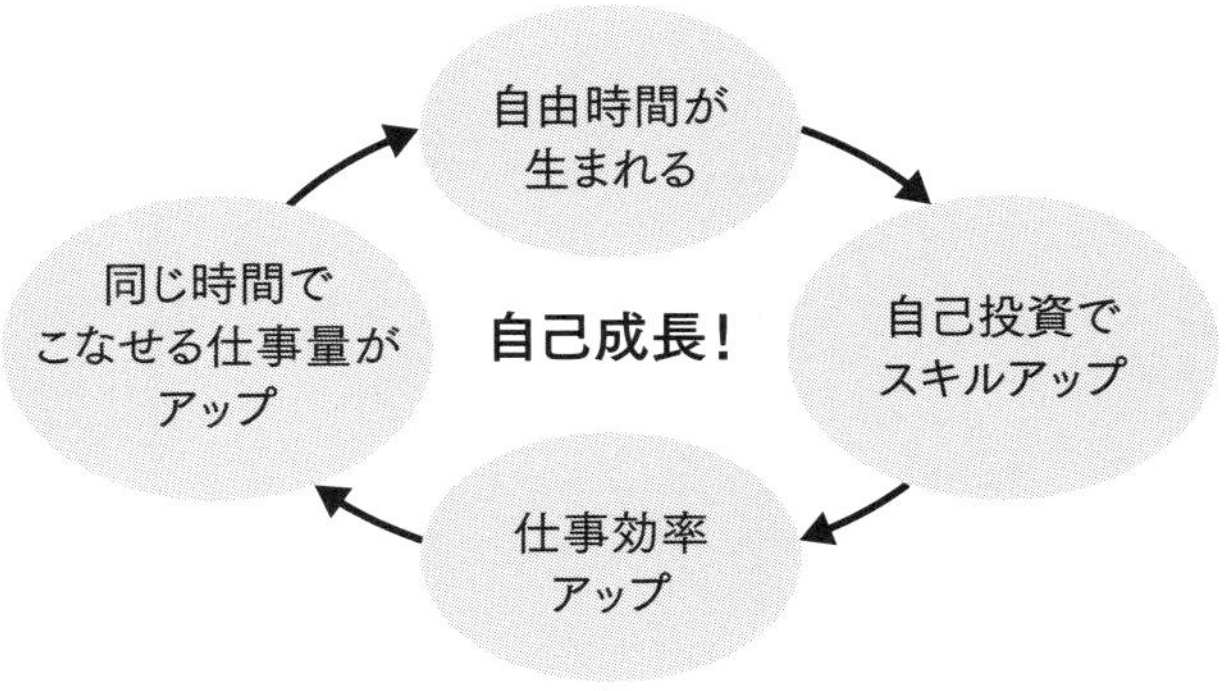

起こされます。「能動的娯楽」は、「自己投資」につながる娯楽なのです。実は、「遊び」や「娯楽」をしながらも、自己成長ができる。それが本書で紹介する自己投資術です。

「自己投資」で無限の成長を手に入れる

時間術によって生まれた自由時間を仕事のスキルアップのための「自己投資」に使いましょう。

仕事のスキルアップをすれば、今までと同じ仕事をより短時間で片づけることができるようになります。そうすると、さらに自由時間が生まれます。その時間を、さらに「自己投資」に使う。さらに、仕事のスキルアップをするという、**自己投資と自己成長、時間創出の無限スパイラルが生まれるのです。**

今日の1時間を「自己投資」に向けることによって、「自己成長」が引き起こされる。それによって仕事効率が10％、20％アップできるのなら、何百時間という時間を手に入れることができます。「自己投資」ほど効率のよい時間の使い方はないのです。

「自己投資」についての考え方は、第6章「自由時間を最大に生かす自己投資＆リフレッシュ術」で詳しくお伝えします。

第4原則のまとめ

- 自由時間は、「仕事以外」に使う
- 娯楽は、「受動的娯楽」と「能動的娯楽」の2つに分ける
- スキルアップに時間を使う
- 自己投資をして「自己成長のスパイラル」を起こす

← 「最高の自由時間」については、
第6章（P247）へ

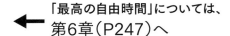

神・時間術 最終目標

「楽しむため」に時間は使う

アメリカ人は5時に帰って何をする？

私は、2004年から2007年までの3年間、米国シカゴのイリノイ大学精神科に留学していました。

「アメリカ人は5時に退社する」という話を以前から聞いていましたが、本当に5時に帰るのだろうか？　実際は、もっと働いているのではないか？

「ワークスタイル」にこそアメリカ人の高い仕事効率の秘密が隠されているに違いないと考えていた私は、そんな疑問をアメリカ留学前に抱いていました。そして実際にアメリカに渡り、アメリカ人の働き方を生で見ることができたのです。

実際は、どうだったのか。

やはり、5時に帰っていたのです。

5時をすぎると、あわただしい雰囲気になって、遅くとも6時くらいまでには、ほとんどのスタッフは帰ります。7時すぎて残っているのは、10人いるスタッフのうち、私ともう一人くらいのものです。8時をすぎると研究室には誰もいなくなり、シーンと静まりかえって、怖いくらいです。

アメリカといってもいろいろな職場があるので一概には言えないかもしれませんが、私が働いていた研究室では、5時には帰り支度をはじめ、6時にはほとんどのスタッフが帰っていました。

「ああ、本当にアメリカ人は5時に退社するんだな」と痛感したのです。

そしてある日、研究室のスタッフ兼秘書でもあるバーバラにこんな質問をしてみました。

「毎日5時に帰って、何をしているんですか？」

バーバラは当然のようにこう言いました。

「何をバカな質問をするの。家族と一緒にご飯を食べるに決まっているじゃない」

彼女のこの、アメリカ人としておそらく「常識」であっただろう答えに、私はハンマーで殴《なぐ》られたかのような衝撃を受けたのです。

5時までは、仕事の時間。5時以降は、家族と過ごす時間。だから、夕食の時間は家族全員が揃って、一緒にご飯を食べられるように、5時までに必死に仕事を終わらせる。

これがアメリカ人の当然のワークスタイルだったわけです。

アメリカ人は、「家族」を大切にする。有名な話ではありますが、それはまさに「時間の使い方」に表れていたのです。

夜のパーティーに招待されたら、必ずパートナーと一緒に参加するのがアメリカでのルールです。アメリカ映画でよく見る場面でもありますが、それは、「5時以降は家族と過ごす時間」というコンセンサスがアメリカ人の間であるからです。

人生を謳歌するアメリカ人

私が3年間のアメリカ生活で痛切に感じたのは、「アメリカ人は人生を謳歌《おうか》している」ということです。

9時から5時という決まった時間。5時、遅くても6時には退社するという制限時間を設けて、その時間内で仕事が終わるように全力で取り組む。そして、5時以降は家族と過ごし、映画に行ったり、コンサートに行ったり、夏場であればピクニックに行ったりします。**「アメリカ人は、人生を楽しんでいる」**と強く感じたのです。

一方、日本人はどうでしょう。残業が当たり前で、5時に帰るなんてまず滅多にありません。平日の夜にも普通に仕事関係の会食、打ち合わせ、接待、飲み会などが入り、休日は接待ゴルフ、家族全員で食事するのは週に数回で、過ごす時間もとても短い。さらに、趣味や娯楽、「自分のための自由時間」はさらに少ない。そんな日常を送るサラリーマンが少なくないはずです。

私は、3年間のアメリカ留学を終えて、日本に帰って何をしようかと考えました。普通であれば、精神科医としてどこかの病院に勤務するという道以外は考えられません。しかし、毎日夜遅くまで働き、夜中にも急患で呼び出され、休日も回診のために病院に顔を出す。アメリカ人の「**自由を謳歌する時間の使い方**」を知ってしまった今、そんな常勤医の厳しい生活に戻ることは不可能でした。

赤のカプセルと青のカプセル、どちらを選ぶのか？　というのは映画「マトリックス」のワンシーンです。

「楽しく、自分らしく生きる。そんな生き方がある！」という人間らしい「本物の生活」を知ってしまった今、「偽りの生き方」に戻ることは、もはや不可能です。本物の世界で生きる、「青のカプセル」を選ぶしかありませんでした。

「人生最大の気づき」と「人生最大の決断」

「アメリカ人は人生を謳歌している」。その気づきを得た瞬間、私の頭の中の回路は完全に切り替わりました。

なぜ、自分は「我慢比べ」のような人生を送っていたのだろう。もっと自由な時間を確保し、自分のやりたいことをやって、「自分らしく」生きよう！

そこで、自分が「**本当は何をしたかったのか**」を思い出します。自分は本が大好きだった。そして、文章を書くことも大好きだった。その時点ですでに3冊の本を出版していたのですが、もっと本格的に執筆活動をしようと、「作家」になることを決意したのです。

「日本に帰ったら、医者をやめて、作家になろう！」

「医者をやめる」といっても、朝から晩まで働き続ける常勤医をやめるということで、私のアイデンティティは、今でも「精神科医」です。作家になるというのも「病気の予防、心と身体の健康につながる情報発信をしたい」という精神科医の私にしかできない活動をしたかったからです。

アメリカから日本に帰り、10年が経ちますが、今では累計25冊以上の著書を出し、『読んだら忘れない読書術』は15万部のベストセラーになりました。そして、毎日、3～4時間は文章を書き続ける生活を送っています。「実に楽しい。実に自分らしい」と思います。私もようやく自分の人生を謳歌できるようになったのです。

日本人は、「人生を楽しむ」ことに、何か罪悪感を持っている気がします。

しかし、人生をもっと楽しんでいいのです。「仕事」だけが人生ではありません。「我慢」「辛抱」「忍耐《にんたい》」だけが人生ではありません。

ライフとワークは両立できる

アメリカ人は、自分を大切にし、家族を大切にし、その上で全力で仕事にのぞみます。気力・体力も充実していますから、ベストパフォーマンスで仕事をこなすことができます。

日本人は、自分を犠牲にし、家族を犠牲にし、その上で仕事を頑張ります。精神的・肉体的にも疲弊しているので、ベストパフォーマンスで仕事をこなせません。

あなたは、どちらのワークスタイル・ライフスタイルで生きたいですか。

「ライフ（人生）を楽しむ」ことと「ワーク（仕事）で成果を出す」ことは、両立できないと思っている人も多いでしょうが、そんなことはありません。時間に対する考え方と、時間の配分が間違っているので両立しないだけなのです。

本書で紹介する「神・時間術」を実行すれば、自分自身のことを大切にし、家族を大切にし、その上で全力で仕事にのぞみ、圧倒的に仕事で結果を出すことが可能です。

自己成長しながら、仕事で結果を出し、さらに個人的な趣味や娯楽を楽しむ。家族や恋人・友人との貴重な時間を楽しむ。

あなたが人生を「楽しむ」ことこそが、この本の最終目標となります。

第1章

脳の機能を最大に生かす集中力の高め方

集中力を高めて単位時間の仕事を増やすことが、結果として仕事の効率をアップさせて、「時間短縮」につながる。それが、「神・時間術」です。

では実際、どのように集中力を高めていけばいいのか。集中力の基本知識とともに、「高い集中力」を発揮する方法を本章ではお伝えします。

最高の脳その1

15・45・90の法則

映画「007」にボンドガールが必要な理由

私は大の映画好きで、映画評論家としての活動もしています。大学生の頃は年間200本の映画を劇場で見て、映画研究会に所属して8ミリ映画を撮っていました。

当時の人気映画の一つとして「007」シリーズがありました。英国秘密情報部員007ことジェームズ・ボンドが活躍するアクション映画シリーズです。あなたも一度は見たことがあるはずです。

20本を超える「007」シリーズですが、驚くべきことに、シリーズ第1作から、そのストーリー展開はほとんど変わっていません。

15分ほどのアクションシーンがあって、アクションが一段落すると別の国へと場面転換。その場面転換の前後に、ジェームズ・ボンドとボンドガールとのお色気シーンが挿入されるのです。

これを見て、大学生の私はある疑問を抱いたのです。

「なぜ、007シリーズのアクションシーンは、15分で終わってしまうのか？　アクションの合間に、ボンドガールのお色気シーンなんか挟まないで、ぶっ続けでアクションをやったほうが、おもしろい映画になるのではないか？　そもそも、ボンドガールは必要なのか？」と。

この疑問は、私が精神科医になってから、つまり精神科医の観察眼を持って「007」の新作を見たときに解き明かされました。ボンドガールは、脳科学的に絶対に必要だと。

「15分」～同時通訳者の集中時間

書店に行くと、「集中力を持続させる方法」といった本を見かけますが、集中力を持続させるのは、なかなか難しいことです。

序章の「ドーハの悲劇は、なぜ起こったのか？」ですでに説明したように、人間はある程度の集中力の持続は可能ですが、「ピークの集中力」、つまり非常に高い集中力が長時間、持続するものではありません。

では、集中力は何分、持続可能なのでしょうか。

それについて調べてみたところ、「15分」「45分」「90分」という単位時間が浮かび上がってきます。

以前、同時通訳をしている方とお会いすることがありました。ダライ・ラマ14世の同時通訳も務めた有名な方です。

彼女によると、「同時通訳というのは、非常に高い集中力を要するので、せいぜい10分。どんなに頑張っても、15分が限界です」と言っていました。

会議の同時通訳は3人1組で、15分ごとにローテーションで回すことが多いそうです。

船舶《せんぱく》や航空機のレーダー監視、工場の計器監視作業は、ヴィジランス作業（監視作業）と呼ばれています。何かを監視する作業のような、何が起こるかわからずに刺激が来るのを待っていて、注意は浅く広く周囲に向けられている状態です。

ヴィジランス作業では、環境の変化が少ないと、20分ぐらいで刺激に対する注意の集中度が低下し、反応量や正答率が下がるため、「20分効果」と呼ばれています。20分を超えると集中力が低下してしまう一つの証拠です。

クラシック音楽でも、15分から20分ごとに楽章が分かれていて、小休止が入る構成で作られているものが多いです。

かなり深い集中が持続できる濃い集中時間は、「15分」程度であって、20分を超えない、つまり「15分」が一単位と考えることができます。

たとえば、私は電車に乗ったとき、必ず本を読みます。「5分」と「15分」では、物理的には3倍ですが、本を読み進めるスピードは5倍くらいに増えるのです。電車に乗って、本を開いて、10~15分頃の状態というのは、集中力が高まってきていて、いわゆる「調子がのってくる」状態になります。

「15分」は、集中力持続の単位であり、まとまった仕事を片づけるのに適した仕事時間の単位と考えられます。

「45分」~授業の集中時間

小学校の授業というのは、一コマ45分です。中学校、高校になると、1コマ50分です。

ではなぜ、学校の授業は、45~50分ごとに区切られているのでしょうか? それは、集中力は「45分」程度しか続かないからです。

テレビの1時間ドラマがあります。これも、1時間ドラマといいながら、CMを抜くと、正味45分くらいで、15分の3ブロックに分かれて構成されているものがほとんどです。15分おきにCMが入り、一息つくことができます。CMの間にトイレに行く人も多いでしょう。それによって、完全に集中力がリセットされ、次の15分を再び集中して見ることができるのです。

小学校、中学校で、子どもたちを上手に集中させる先生は、15分おきに雑談や冗談を挟んでいます。15分ごとに「笑い」と「弛緩《しかん》」を入れて、15分の3ブロックで授業を構成しています。

小学生でも集中して取り組める時間単位が「45分」です。45分授業を受けて10分休憩する。このリズムで5〜6時限目まで集中力が続きます。小学校の時間術は、非常に合理的であり、その時間のリズムは私たちが小学校の頃から経験しているリズムでもありますから、私たちの身体に染み込んでいるはずです。

「ゲーム脳」の提唱者である日本大学文理学部の森昭雄《もりあきお》教授は、集中力の限界は、「40分」と言っています。**パソコン仕事などをする場合は、40〜50分に1回休憩を入れたほう**

がいいとも言っています。

15分を3セットにした45分で、集中力のリズムを作ることができます。

「90分」〜サッカーの集中時間

45分が2倍になると90分です。

サッカーの試合が45分ハーフの90分で行われます。サッカーの試合を見る場合、45分ハーフで間に15分の休憩を挟んで、トータル試合時間で90分。最初から最後まで集中して見るのに、ちょうどいい時間だと思いませんか。

テレビの2時間ドラマというのも、CMを除くとだいたい90分で作られています。そして、大学の講義も90分の学校が多いと思います。

90分というのは、大人がなんとか集中できる限界の時間と考えられます。それも45分の2ブロックにして間に休憩を入れると、さらに集中しやすくなります。

人間の体内に「90分時計」があった

さて、ここまで15分、45分、90分という、3つの集中力の単位となる時間を紹介してきました。脳科学的根拠がないじゃないか、という指摘が出そうなので、そろそろ根拠を示しておきたいと思います。

人間の身体には「体内時計」というのがあって、非常に正確にリズムを刻んでいます。有名なのは、24時間の「概日《がいじつ》リズム」です。毎日同じ時間に眠気がきたり、お腹が減ったりします。24時間周期で睡眠や摂食のリズムは刻まれていて、さらに体温やホルモンなども、昼と夜とで時間とともに規則的に変化しています。

「概日リズム」を英語では、「サーカディアンリズム」といいます。何十年も前から知られていて、たくさんの研究があります。

そして最近では、もう少し短いリズムが注目されています。それは、「ウルトラディアンリズム」というものです。

「ウルトラディアンリズム」は、約90分の周期です。これは、人間の脳波を調べると、約90分の周期で覚醒度《かくせいど》が変化している、つまり**覚醒度の高い90分と眠気の強い20分が交互に**

訪れるサイクルが脳には存在するというものです。

睡眠中にも、レム睡眠とノンレム睡眠の約90分の周期があり、それぞれのサイクルの間に5〜20分のインターバルが入ります。

そうした睡眠が深まるサイクルを一晩に3〜5回繰り返すのが、健康的な睡眠と言われています。

また、胃の蠕動《ぜんどう》運動も90分のリズムがあることが知られています。人間の身体には、90分というリズムがあることは間違いがなさそうです。

脳リズムサーフィン仕事術

集中できる時間単位は、「15分」「45分」「90分」と3つあります。

これをまとめて、私は「15・45・90の法則」と呼んでいます。

脳の中では、海辺で波が寄せては引いていくように、集中力も高くなったり低くなったりというリズムを刻んでいます。集中力が低いときに頑張って集中して、必死に仕事をこなそうというのは無理があります。

リズムに逆らうのではなく、リズムに上手に乗る。つまり、「集中力の波乗り」をすることが、集中力を最大限活用する仕事術の基本となります。

集中力には、「**集中の深さ**」と「**持続時間**」があります。

一言で「集中力の持続時間」といっても、テニス選手とサッカー選手とでは、集中の程度、深さと持続時間がまったく違います。テニスの錦織《にしこり》選手の場合は、相手がサーブを打つ1秒に集中力がピークになるでしょう。サッカーの長友《ながとも》選手の場合は、1秒集中が途切れただけで、ゴールを決められてしまいますから、45分の前後半、ずっと集中力を途切れさせないことが重要になります。

これは、ビジネスマンでも同じことです。私のように原稿の執筆をする場合、15分ごとに休憩を挟んでいては仕事になりません。一度集中しはじめたら、90分は一心不乱に書き続けます。

机に積み上げられた数十枚の書類を処理していく事務仕事であれば、単純作業を90分続けるのは至難の業です。15分か30分ごとに休憩を入れたほうが、仕事がはかどるはずです。「仕事」といっても、その作業内容によって、ライトな作業かハードな作業かによって集中力の持続時間は変わります。

　また、先ほど睡眠周期は90分と書きましたが、最近の研究では睡眠の周期は個人差があり、人によって70～110分の幅があるといいます。前後に20分もの個人差があるので、生物学的な集中力の持続時間も当然、個人差があるでしょう。

　あるいは、集中力を鍛えることで、長時間の集中が可能になってきます。つまり、集中力の持続時間はトレーニングによっても変化するのです。

「15・45・90」というのは、あくまでも集中力持続の目安にすぎません。

「90分ではなくて、80分ではダメなのか？」というと、80分が最適な人もいるはずです。重要なのは、**自分に最適な集中時間をつかむということです**。そして、その

15・45・90の法則

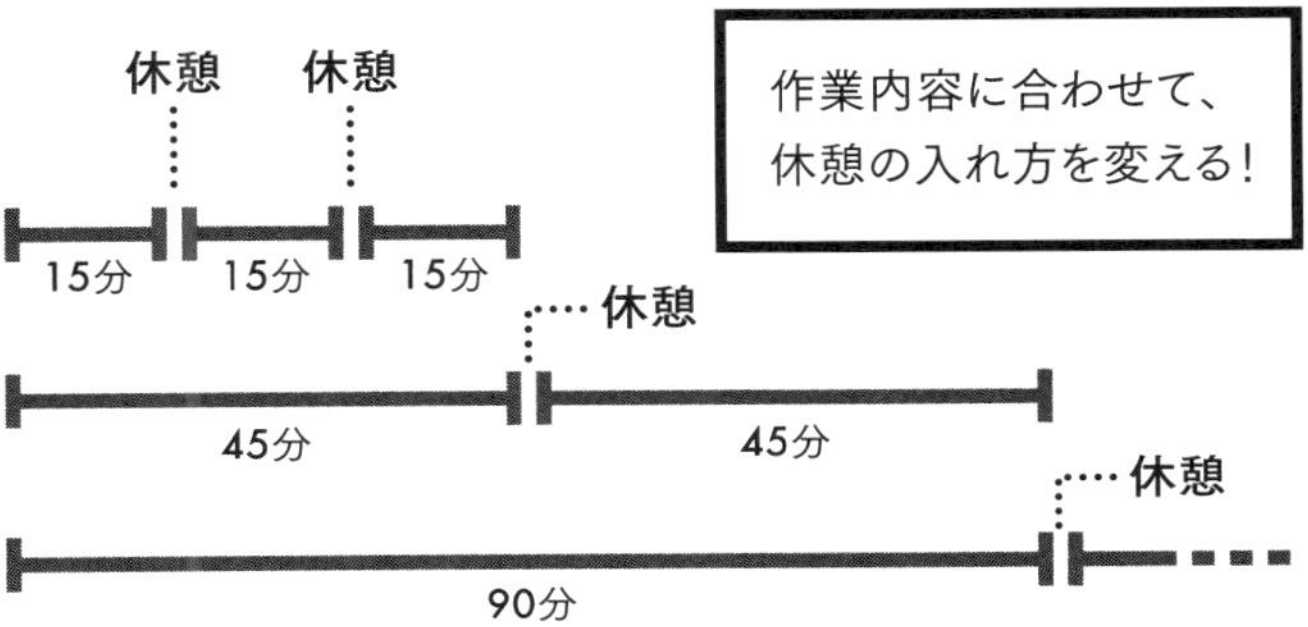

リズムに乗って、間に10〜15分程度の休憩を挟むのです。

これが、「15・45・90の法則」を活用して、脳のリズムをサーフィンのように乗りこなすということです。

ネットで「集中力　持続時間」と検索すると、「15分」「45分」「90分」という数字が検索結果で出てきますが、実は「15・45・90の法則」を世界で初めて提唱したのは私です。それ以前に、この3つの数字を併記したものは見たことがありません。

「集中力」の持続時間に関する学術論文を大量に調べましたが、実はほとんど出てきません。集中力についての研究は、「計算などの認知機能検査」「脳波」「眼球運動、まばたき」などを「集中力の指標」として利用していますが、それらはいずれも「集中力そのもの」ではありません。厳密な意味での集中力の持続時間をリアルタイムに正確に測定する方法は、現在のところ存在しないのです。

ということで、「15・45・90の法則」はあくまで「仮説」ということになります。また、人によって個人差もあります。

しかし、15分、45分、90分前後の集中力の波があることはおそらく間違いのないことで、自分の中の適切な「集中時間」を発見し、その波に乗ることが、集中して仕事をこなすために、とても大切だと思います。

「おもしろい」に隠された集中力の法則

「15・45・90の法則」の正しさは、最初に述べた映画「007」シリーズが、何より証明しています。

「007」シリーズの1回のアクションシーンは、だいたい15分くらいです。その前に説明のシークエンスが入り、20分前後で1パートが構成され、パートとパートの間に、ボンドガールとの〝絡み〟が入ります。つまり、アクションとまったく関係のないお色気シーンです。

「まったく関係がない」からこそ、アクションで張り詰めた神経を一気に弛緩させて、観客をリラックス状態に持っていくのです。**集中力は完全にリセットされ、次に向けて、再び15分の高い集中力を引き出すことが可能になるのです。**

さらにアクションシーンが終わると、舞台となる国も変わります。映像の雰囲気もガラッと変わりますから、気分転換効果も抜群です。15分のアクションが前半3回、後半3

回前後、繰り返されます。つまり、「007」シリーズは、「15・45・90の法則」に完全に準拠して作られていたのです。

「007」のアクションシーンが15分で終了する理由。それは、濃い集中力の限界が15分であり、アクションシーンのあとに、ボンドガールが登場するのは、集中力をリセットするためだったのです。

ちなみに余談ですが、アクションシーンが長時間続くと、脳は疲れて眠たくなります。たとえば、映画「トランスフォーマー」シリーズがいい例です。この作品では、アクションシーンが、30~40分続くことがありますが、画面では激しいアクションシーンが展開されているというのに、猛烈な眠気に襲われます。

ですので、集中したあとには、必ず休憩を挟みましょう。そうでなければ、脳のパフォーマンスは確実に低下します。

最高の脳 その2

雑念排除法

集中力の敵は、なんでしょうか。

それは「雑念」です。雑念を取りのぞくことができれば、自然に集中力は高まります。あるいは、「雑念が排除された状態が、集中した状態」と定義することも可能です。ですから、**集中力を高めて仕事を効率的にこなすためには、「雑念の排除」が必須です。**

「雑念」は、主に4つの原因によって生じます。「物による雑念」「思考の雑念」「人による雑念」「通信の雑念」です。

雑念排除法1 物による雑念

机の上に物が何も載っていないキレイな状態と、机の上に書類や読みかけの本や文房具類がちらかっている状態。どちらが仕事ははかどるでしょうか？　言うまでもなく、「キレイな状態」のほうが仕事ははかどります。

机や机まわりがちらかっていると、物を探すのに時間をとられます。ある研究によると、ビジネスマンが「探しもの」に費やす時間は、1年間で150時間にも及ぶそうです。しかし、深刻なのは、「物を探すのに時間をとられる」ことではありません。

「ホチキスどこにいったかな？」「あの書類どこにいったかな？」という瞬間に、集中力の糸が途切れ、高まっていた集中力がゼロに戻ってしまいます。**いったん途切れた集中力が元に戻るのには、15分はかかると言われます。**つまり、1日3回探しものをするだけで、神・時間術的には45分もの損失につながるのです。

物の整理は頭の整理

流れるように仕事をすることによって、仕事効率を大幅に高めることができます。そのために、机の上、引き出し、机まわりや書類ケース、本棚は必要なものが瞬間的に取り出せるように整理されていなければいけません。

ホチキスを机の中の定位置に置いておくと、引き出しを開けて、3秒でホチキスを取り出し、パチンと書類を留めてできあがり。必要な物が瞬間に取り出せると、仕事に流れが出てきて、むしろ集中力が高まり、仕事の効率がアップします。

「整理整頓」で重要なのは、**それぞれの物ごとに「置く場所を決めておく」ことです**。「領収書入れ」は書類棚の一番左。ホチキスとセロハンテープは、引き出しの右手前。ホチキスやボールペンの替えの芯は、引き出しの右奥。そうすると、必要なものを一瞬で取り出すことができます。

また、仮に「物探し」に時間をとられなかったとしても、**机の上にいろいろなものが散乱していると、そこから雑念が発生してきます**。読みかけの本が載っていたら、「早くこの本を読み終えないと」。請求書の入った封筒があったら、「この請求、まだ払っていなかった。今日中に入金しないと」。何か物が目に入るたびに、何らかの雑念を呼び起こす可能性があるのです。

きれいな部屋で仕事をするほうが集中できる、というのは心理学実験でも証明されています。

散らかった部屋で作業をしてもらう「Aグループ」と、きれいに片づいた部屋で作業をしてもらう「Bグループ」を比較した実験があります。

両方のグループに同じ作業を同じ時間してもらった後、「どれだけ自分の自制心を保てるか」を調べるテストを受けてもらったところ、「Bグループ」に比べて、散らかった部屋で作業をしていた「Aグループ」の人たちのほうが、気が散りやすく集中力が低下していたのです。

パソコン内がキレイな人は仕事ができる

机の上を片づけるのも大切ですが、もう1つ、パソコン内のデスクトップやフォルダの「整理整頓」も大切です。

「あのファイルを確認しよう」と思ってから、**10秒以内にファイルが開ければ合格です**。何度か検索して、30秒以上かかる状態では、集中力がリセットされてしまいます。

パソコンの整理は、ファイルを保存する瞬間に決まります。新しいファイルを保存する場合、間違ってもデスクトップに保存してはいけません。分類されたファイルに、内容が一瞬でわかる件名をつけて保存します。

分類されたファイルに、きちんとした件名をつけて保存するのには、10〜15秒くらいかかります。

「AAA」とか、適当な件名でデスクトップに保存すれば、3秒ですむかもしれません。

しかし、後からそのファイルを探すのに、何倍もの時間がとられるのです。さらにそのとき、「探す」ことによって集中力がゼロに戻ります。

つまり、**目先の数秒をケチってしまったせいで、後で何十分もの損失につながってくるのです。**

さらに、デスクトップを乱雑にした状態にしておくと、結局、後でデスクトップの整理をしなければいけません。また、ファイルが散乱した乱雑なデスクトップはパソコンの速度を低下させる原因にもなりますので、二重三重の時間ロスにつながるのです。

とにかく、机の上も、パソコン内も、徹底的に整理整頓して、きれいにしておくことです。集中力を高めるためには必須の条件であり、基本中の基本と言えます。

雑念排除法2　思考による雑念

仕事をしていると、様々な雑念が頭の中をよぎります。

「そういえば、今日中に出さないといけない書類があった」

「そういえば、会議室の予約をしないと」

「Aさんにメール返信しないと」

「お腹が減ってきた。今日のランチはラーメンにしようかな」

こうした「雑念」は、間違いなく集中力を妨げ、今やっている仕事を中断して別な仕事や作業をやりたい衝動にあなたを駆り立てるはずです。

結果として、集中力が妨げられるだけではなく、仕事が中断してしまうのです。**たった1秒の雑念が、結果として15分という時間のロスに連鎖していきます。**

気になることはすべて書く

自然に頭の中に浮かび上がる雑念をきれいさっぱり消し去ることは不可能なように思えますが、そんなことはありません。というか、むしろ簡単に消すことができます。

先ほどの例のように、雑念のほとんどは、「予定」「スケジュール」であり、「やるべきこと」「ＴｏＤｏ」なのです。ですから、それを「スケジュール帳」や「ＴｏＤｏリスト」に書き出します。できれば、「デジタル」ではなく「紙」に書いて、目の前や机の横など、すぐに目に入るところに置いておくといいのです。

「今日の予定」「次の予定」「午前中にするべき仕事」。それらが気になれば、１秒で見ることができます。「気になれば、見ればいい」と思うと、不思議なことに、それ以上の

「雑念」は湧いてきません。

旧ソ連の心理学者ツァイガルニクは、いつも行くカフェである発見をします。カフェの店員は、客の注文をメモもとらずに何人分も正確に記憶しているのに、注文の品を出した途端、その内容をすべて忘れてしまう、ということです。

この発見を心理実験で裏付けして、「**目標が達成されない未完了課題についての記憶は、完了課題についての記憶に比べて想起されやすい**」ということを明らかにしました。これは、「ツァイガルニク効果」と呼ばれています。

テレビ番組で、ちょうど盛り上がってきたところに、「続きはＣＭの後で」と入ります。連続ドラマで「この後どうなるのか?」と先が気になるところで終わってしまうのも、ツァイガルニク効果を利用して、視聴者の記憶と注意を強化しているのです。

人は課題を達成しなくてはいけないという場面において緊張状態となり、この緊張は課題が達成されると解消され、課題自体を忘れてしまいます。反対に、途中で課題が中断されたり、課題を達成できなかったりすると、緊張状態が持続してしまうため、未完の課題は記憶に強く残ることになります。

「書くだけ」雑念消去法

ツァイガルニク効果を言い換えると、進行形の出来事は、脳の記憶スペースを占拠するが、**完了した出来事は、脳の記憶スペースからきれいサッパリ消去されるということです**。「そういえば、今日中に出さないといけない書類があった」とか、「今日のランチはラーメンにしようかな」という雑念が何度も浮かんでくるのは、「未完了課題」なので脳が緊張状態を維持しているからなのです。

そんな雑念を脳内から消去するにはどうすればいいのでしょうか。

先ほども述べたように、雑念を紙に書き出せばいいのです。紙に書くことで、「進行形」が「完了形」に変わります。

「お腹が減ってきた。今日のランチはラーメンにしようかな」と思ったら、「12時半、来々軒」と「ToDoリスト」に書きます。

「ラーメン食べたいな」「ラーメン食べに行こうかな」という思考は「進行形」なので、頭の中から離れません。「ランチはラーメンに決めた！」と決定する。そうすると、まだラーメンは食べていませんが、「食べに行くことが決まった」ということで、脳の中では

「完了形」に書き換えられます。

「未完了課題」が「完了課題」に変わると、脳の緊張はとれて、その雑念がすっきりと消去されるのです。

とにかく、**雑念が出たら書き出すことです。そして、書いたら忘れる。**

「書く。そして、書いたら忘れる」を習慣にすると、本当に雑念が湧かなくなり、集中力が高いまま仕事を続けることができるようになります。

切り替え力を高める脳トレーニング

紙に書き出したくらいで、雑念は消えない。同じ考えが、何度も頭の中を反復して、雑念を振り払えない。という人がいたら注意が必要です。なぜならば、**雑念が振り払えないのは、前頭葉《ぜんとうよう》が疲れている証拠だからです。**

脳の中で、考えを「切り替える」作業を行うのが前頭葉です。特に前頭葉の中で、セロトニンという脳内物質が「切り替え」と深く関係しています。

たとえば、交通事故などで前頭葉を損傷した患者に、同じ言葉を繰り返し言い続けるという症状が出ます。あるいは、同じ文字を書き続ける、といった症状が出ることがあります。これを神経心理学では「保続《ほぞく》」といいます。前頭葉のコントロールがなくなると、同じ行為を反復して、切り替えができなくなってしまうのです。

頭部外傷というのは極端な例ですが、**前頭葉と「思考の継続」「思考の切り替え」が関与していることは、脳科学的には何十年も前から証明されています。**

また、うつ病の患者は、不安や心配ごとが頭に浮かんだら、それが何度も何度も頭の中に湧き上がって、振り払えない状態に陥ります。不安なことを何度も考えて余計に不安になって、気分が落ち込むということがあります。

うつ病では、前頭葉の機能が低下します。そして、セロトニンの機能も低下します。うつ病といった深刻な状態までいかないにしても、睡眠不足やストレスがたまっている状態でも、前頭葉の機能は低下します。

つまり、仕事中にいろいろな雑念が湧き上がって、集中して仕事に取り組めない人というのは、疲労やストレスがたまっている証拠です。前頭葉の働きが弱っている可能性が高いのです。

そんな「切り替え力」が弱い人は、どうすればいいのでしょうか。

それは、前頭葉のセロトニンを活性化すればいいのです。その具体的な方法は、「日光を浴びる」「リズム運動をする」「咀嚼する」の3つです。

朝、早起きして、30分ほど散歩し、その後、朝食を食べる。そんな規則正しい生活で、セロトニンの機能は復活します。

もちろん、仕事のしすぎであればそれを減らし、睡眠をきちんと取る。ストレスの管理をすることは大前提です。セロトニンを活性化する方法は、朝の生活習慣とも深く関係してきますので、第2章で詳しく説明します。

雑念排除法3 人による雑念

木下順二作の『夕鶴《ゆうづる》』を読んだことがある人は多いと思います。国語の教科書にも収載されていたかもしれません。その『夕鶴』の、本当のオチを知っているでしょうか。

主人公の男・与ひょうは、罠にかかって苦しんでいた一羽の鶴を助けます。後日、与ひょうの家を「女房にしてくれ」と一人の女性・つうが訪ねてきます。夫婦として暮らしはじめたある日、つうは「織っている間は部屋を覗かないでほしい」と約束をして、素敵な織物を作り与ひょうに渡します。何枚も布を織るつう。ある日、与ひょうは約束を破り、つうが織物を織っている姿を見てしまいます。

そこには、自らの羽を抜いて織物を作っていた「鶴」の姿が。正体を見られたつうは、与ひょうの元を去り、傷ついた姿で空に帰っていくのでした。

つうが与ひょうの元を去ったのは、「自分が鶴であるという正体を知られたから」ということになっていますが、本当にそれだけでしょうか。

私は、部屋にこもって集中して機織りをしている、その集中力を邪魔されたことが原因ではないかと思うのです。

というのは、冗談ですが、集中して仕事をしているときに、横槍をいれられると、本当にうんざりします。ある研究によると、**集中力が高まっているときに、電話や声がけによって集中力が途切れてしまった場合、その状態（集中力が高まった状態）に戻るのに約15分かかる**ことがわかっています。

午前中の仕事時間に、二度、三度、邪魔が入ると、それが1分の用件であったとしても、集中時間的には、30分、45分といった時間のロスになっているかもしれません。

私は毎日、午前中は部屋にこもって執筆をするのが日課です。

そして家内に、「午前中、部屋で執筆しているときは、絶対に声をかけるな」と言ってあります。まさに、『夕鶴』の「つう」と同じです。これを、私は「夕鶴仕事術」と呼んでいます。

目前の仕事に完全に集中している。その瞬間こそが、脳のスペックがそこに完全に投入され、仕事効率が最大化しているのです。

横槍の入らない「集中できる環境」があれば、それだけで集中力が高まり、仕事効率を最大化できます。

村上春樹もやっていた「集中空間」での缶詰仕事術

小説家が、小説を書く場合、温泉宿に缶詰になって小説を書き上げる、という話を聞きます。なぜ温泉宿にこもるのか。それは、「人的な横槍」をブロックして、すべての雑念を排除し、集中力を高めて、一気に執筆を終わらせるためです。

村上春樹は、著書『職業としての小説家』(スイッチパブリッシング)の中で、自らの執筆スタイルを明らかにしています。

村上が小説を書くときは、海外のカフェで書くことが多いそうです。海外のカフェであれば、誰からも声をかけられず、街の風景にとけこみながら、集中して小説を書けるのだそうです。その時間が、とても楽しいのだと。

私のお気に入りの執筆場所は、「行きつけのカフェ」です。青空と緑が見える、窓に面した席がお気に入りです。青空と緑を眺めながら、優雅に執筆。圧倒的に楽しいし、集中力も上がります。

圧倒的に集中できる、「缶詰仕事」ができる、自分のとっておきの空間です。その場所に行けば、かならず「缶詰」になれるという「集中空間」なのです。

そのように、**「集中空間」での仕事が習慣になると、脳がそれを記憶してくれます。**ここは「集中して仕事する場所です」というようにです。そうなると、雑念も入らないし、脳も集中力を高めるようにコンディショニングしてくれます。極めて高い集中力を発揮しながら、効率的に仕事をこなすことができるのです。

サラリーマンの夕鶴仕事術

ここまで読んだ人は、「サラリーマンには缶詰仕事は絶対に無理なのでは?」と思ったかもしれません。

サラリーマンの場合、デスクに座って仕事をしていれば、上司が仕事の進捗《しんちょく》を確認しにきたり、部下が質問しにきたり、顧客や取引先からの電話が次々と鳴ったり、気が休まる暇もなく、夕鶴仕事術など不可能に思えるでしょう。

サラリーマンである私の友人にこの話をしたところ、「社内の会議室に行くと集中できます。会議室が空いているときに、資料とノートパソコンを持って会議室にこもる。邪魔が入らなくて、集中して仕事ができるんですよ」と言っていました。

数時間、誰とも会わないし、電話にも出ない。厳密な夕鶴仕事術はサラリーマンには難しいでしょうが、**「できるだけ隔離した環境で集中力を高めると仕事効率が一気に高まり、仕事が猛烈にはかどる」という夕鶴仕事術のエッセンスだけでも知っておけば、会議室などの閉鎖環境を上手に活用できるでしょう。**

非集中仕事は、横槍が入っても、すぐに復帰できますが、コアな集中力を必要とする集中仕事は、横槍が入らない圧倒的に「集中できる環境」で行うべきです。

雑念排除法4　通信による雑念

当たり前のことではありますが、「缶詰仕事」をする場合は、携帯やスマホの電源をオフにしないと意味がありません。どんな閉鎖環境にいても、10分おきに携帯電話が鳴っては、集中できたものではありません。

できれば、インターネット自体も遮断する（Wi-Fiをオフにする）と、さらに集中できる環境が整います。

90分おきに休憩して、そのときに携帯に「着信」が入っていれば、かけ直せばいいのです。多くの人は「リアルに電話に出ないとたいへんなことになる」と思い込んでいますが、**90分電話に出なかっただけで、あなたの会社が倒産したり、1億円の負債が生じたりすることはありえないことです。**少なくとも15年前までは、携帯電話もスマホもありませんでしたが、そんな話は聞いたことがありません。

ちなみに、私は携帯電話を持っていますが、普段はカバンに入れてあるので、鳴っても聞こえませんし、リアルタイムに携帯に出ることは滅多にありません。暇なときに確認して、着信があればかけ直す。その

スマホのアラートによる集中力の低下

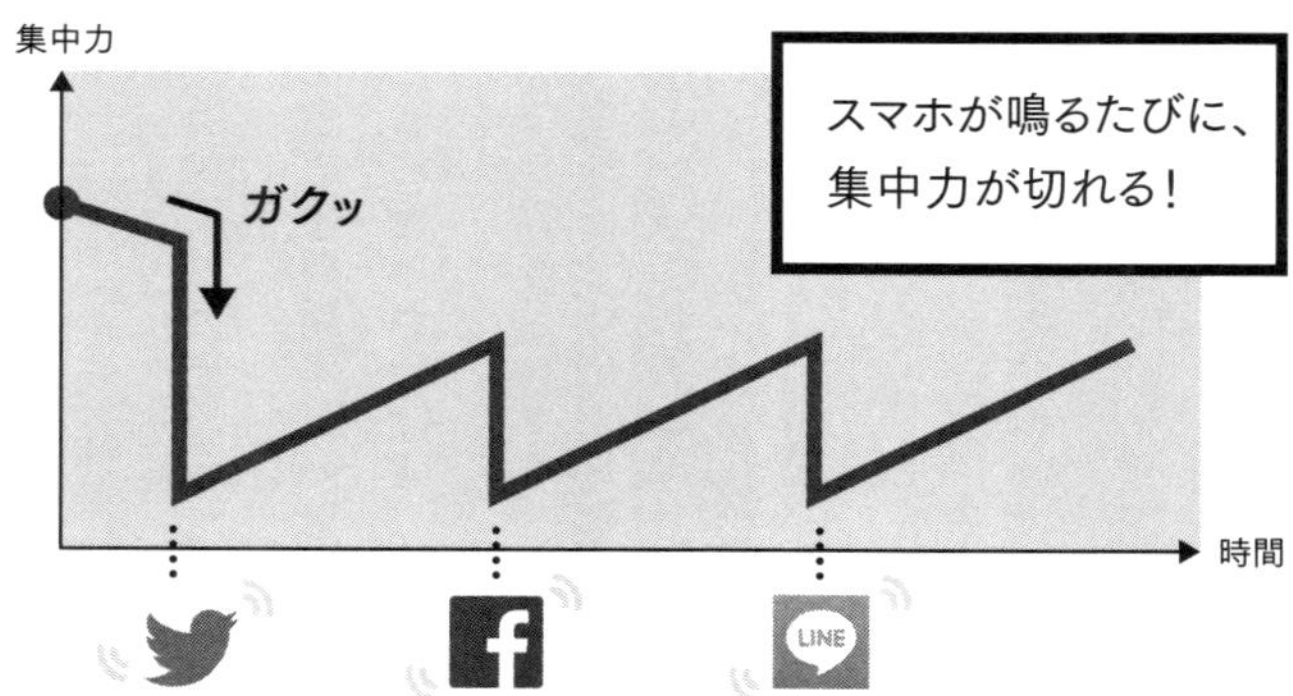

スタイルで何年もやっていますが、何かトラブルが起こったことは一度もありません。

あと、LINEやFacebookのメッセージが来るごとに、アラート設定をしている人がいます。私の家内も設定していますし、私の親しい友人でも設定している人がいます。そうした人と一緒にいると、**10分おきくらいに、「ピロン」というアラート音が鳴ります。その瞬間に集中力がゼロに戻ってしまいます。**一緒にいても気が気でないというか、非常に不快です。

本人は、「別に気にならない」と言いますが、脳は無意識に情報を処理しますので、アラート音が鳴るたびに、本人は意識していなくても、集中力はリセットされています。

つまり、スマホのアラート設定は、脳を妨害しつづけ、集中力を高めさせないようにしているようなものです。

最高の脳 その3

制限時間仕事術

なぜ、夏休みの宿題は1日でできるのか

あなたは、夏休みの宿題を最後の1日で片づけたことはありませんか。多くの人が、夏休みの宿題を最後の1日、あるいは最後の数日で片づけた経験があると思います。宿題が1日で終わるのであれば、最初の1日で全部やってしまえばいいと思いますが、実はそれはできないのです。

背水の陣。火事場の馬鹿力。窮鼠《きゅうそ》猫を噛む……。限界状況に追い込まれた人間が、実力以上の力を発揮することは、昔から知られています。

また、あなた自身も、夏休みの宿題に限らず、「明日までの締め切り」といった期限が

迫った仕事に取り組む場面で、「火事場の馬鹿力」を実感したことがあるはずです。

制限時間を決めると仕事は効率化します。「1時間で終わらせる」といった時間単位で制限時間を設ける、あるいは「○月○日まで」という期限や期日を設けても同様に集中力がアップし、仕事の効率が高まります。

それでは、なぜ人間は追い込まれると、そこまでのすごい力を発揮できるのでしょうか。これもまた、脳科学的に説明されます。

人は追い込まれると、脳内でノルアドレナリンが分泌されます。**ノルアドレナリンは、集中力を高め、学習能力を高め、脳を研ぎ澄まします。結果として、脳は最高のパフォーマンスを発揮するのです。**

なぜ、私たち人間は、こんなに素晴らしい「緊急応援物質」を持っているのでしょう。

たとえば、原始人がサーベルタイガーと出会った状況を想像しましょう。サーベルタイガーと闘うか、一目散に逃げるか。選択肢は二つしかありません。そんなときに、「えーと、どうしよう。どっちにしようかな」と悠長《ゆうちょう》に考えていると、間違いなくサーベルタイガーに殺されてしまいます。

こうしたピンチに陥ったときに、ノルアドレナリンが分泌されます。命の危険が迫っていて、正しい判断ができないと死んでしまう。そんなときに、正しい判断を瞬時にくだせるように、ノルアドレナリンは集中力を一気に高めて、脳の働きを研ぎ澄ますのです。**人間は、追い込まれたときに、最高のパフォーマンスを発揮できるように設計されているのです。**命の危険という状況でなくとも、「今日中に、この仕事終わらさないとヤバい」という状況や、試験の直前の「ああ、緊張してきた」といった軽い緊張や不安の場面でも、ノルアドレナリンは出ます。

「3時までに終わらせて書類を提出しないといけない」「明日までに仕上げて納品しないといけない」など、締め切りや制限時間を決めることで、集中力を高め、仕事の効率をアップさせる。それが、制限時間仕事術です。

仕事術の達人たちも推奨する「ストップウォッチ仕事術」

制限時間を決めるだけで、仕事効率がアップします。

「この書類は、3時までに完成させる」「この書類は、今から1時間で完成させる」というように、自分で締め切り時間、終了時間を設定すればいいだけですから、今日からでもすぐに実行することができると思います。

その場合、制限時間を決めたなら、**ストップウォッチを使って、時間を「見える化」すると、さらに効率がアップします**。

「この書類は、今から1時間で完成させる！」と決めたなら、ストップウォッチをスタートさせます。すると、仕事がゲーム感覚になり、モチベーションが上がり、時間どおりに達成できると、ゲームをクリアしたときと同様の快感が得られます。

ストップウォッチではなく、アラームで時間制限をする人もいるでしょうが、アラームだと時間内に仕事が終わらない場合、集中力が高まった最後の追い込みの瞬間にアラームが鳴る可能性があります。

そうすると、せっかく高まった集中力がリセットされてしまい台無しになります。なので、私はアラームよりもストップウォッチをおすすめします。

仕事術や読書術などたくさんの著書を出されている明治大学教授の齋藤孝《さいとうたかし》先生は、常にストップウォッチを持ち歩き、「ストップウォッチがなければ仕事にならない」とまで言っています。

また、脳科学者の茂木健一郎《もぎけんいちろう》先生もストップウォッチの愛用者であり、時間制限すると仕事効率が上がると著書の中で書いています。

仕事術の達人は、みな「制限時間仕事術」を実践しているのです。

制限時間を決めると二度おいしい

制限時間を決めると集中力が高まり、仕事効率がアップすることを初めて明らかにしたのは、19世紀後半に活躍したドイツの精神科医のエミール・クレペリンです。

クレペリンは、連続加算作業（1桁の足し算）を1分間でどれだけできるのかを経時的に計測し、作業量の変化を作業曲線として観察しました。これはクレペリン検査と呼ばれ、現在でも、日本ではその応用型の「内田クレペリン検査」として、ハローワークや入社試験、採用試験にも導入されています。作業の取り組み、集中力の持続から、職業の適性を判断する指標として利用されています。

このクレペリン検査で、多くの人に共通して観察される作業曲線の傾向が発見されました。それは、検査開始直後は作業効率が高く、中間では「疲れ」や「飽き」のために作業効率が低下するものの、「もう少しで終了する」という最後の数分間は、また作業効率がアップするというものです。

作業を開始した最初の効率の高い状態を「**初頭努力**」。作業終了間際の頑張りを「**終末努力**」といいます。つまり、時間を決めて作業を行う場合、作業の最初と、終了間際の2

初頭努力と終末努力

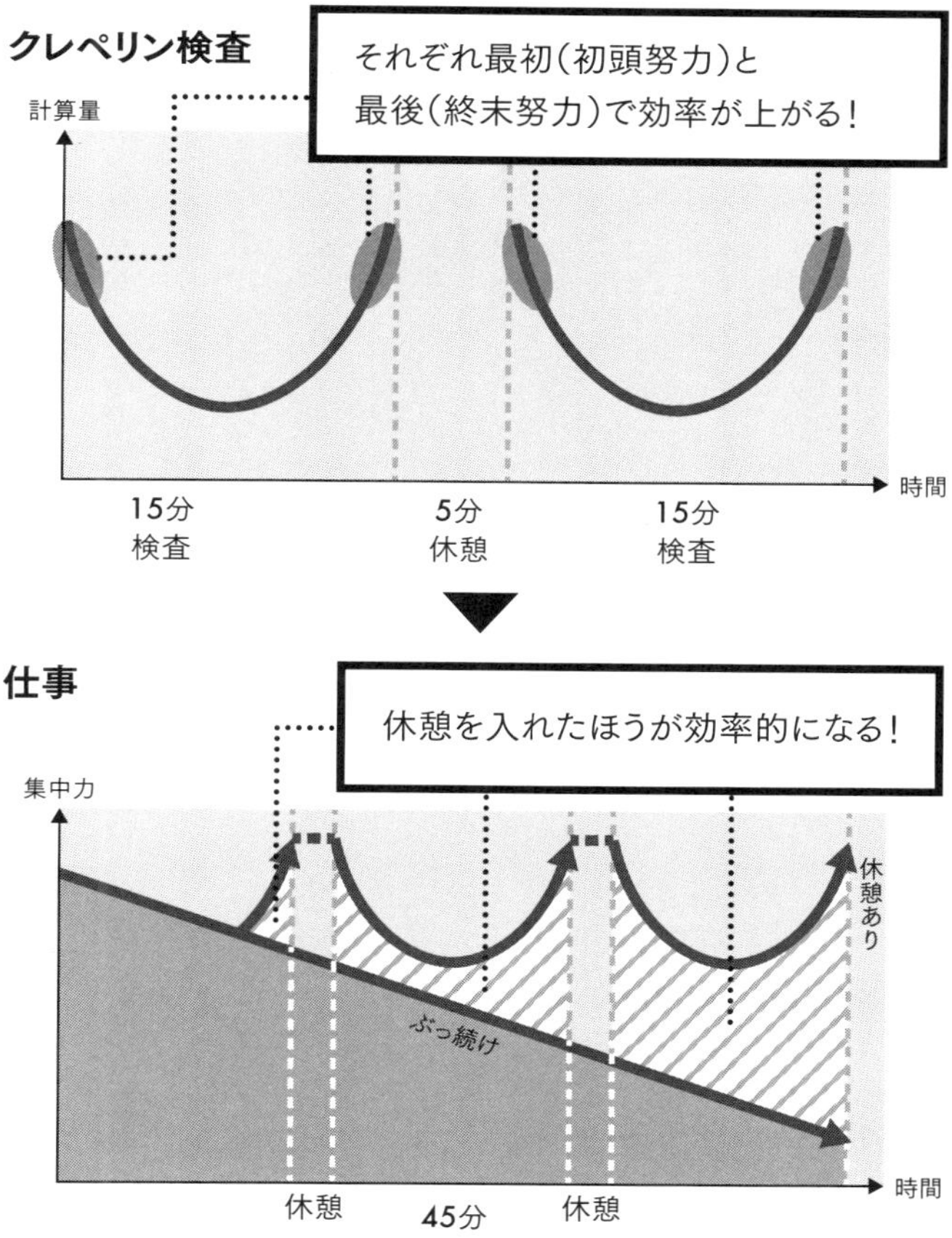
クレペリン検査
それぞれ最初（初頭努力）と
最後（終末努力）で効率が上がる！
計算量
時間
15分
検査
5分
休憩
15分
検査
仕事
休憩を入れたほうが効率的になる！
集中力
休憩あり
ぶっ続け
時間
休憩
45分
休憩

回集中力が高まるのです。

45分の仕事を15分、3回に区切って制限時間を設けると、15分のそれぞれで「初頭努力」と「終末努力」の集中力アップ効果が合計6回得られます。これを45分、ダラダラとしてしまうと、最初と最後の2回しか集中力が高まりません。

大きな仕事を小さな仕事に分割し、小さな仕事に制限時間を設ける。そして、それぞれのブロックをストップウォッチで制限時間を「見える化」する。たったこれだけのことでも集中力は高まり、仕事は効率化するのです。

締め切り厳守仕事術

緊迫感や緊張感があったほうがいい仕事ができる。あなたも、経験的にはそれを知っているはずです。

私も、「お手すきのときに書いていただければ結構です」と、短い原稿を引き受けることがあるのですが、結局のところ、いつまでたっても書きはじめられないし、書き終わりません。「明日まで」と言われれば明日までに仕上げられるのに、「いつでも」と言われてしまうと、いつまでたっても仕上がらないのです。

そこで私は、「いつでもいいです」という依頼でも、「では今月末までに書きます」と、自分で締め切りを設定します。実際に書き上げるのは、締め切り前の2日くらいになってしまいますが、集中して書くので、非常に質の高い文章が書けます。

締め切りを設定して、それを厳守するだけで集中力が高まり、仕事効率がアップする。

これを「締め切り厳守仕事術」と呼びましょう。

締め切り厳守仕事術をする場合、重要なポイントが1点だけあります。それは、**締め切りは延ばさず絶対厳守する**、ということです。

私は、「締め切りを必ず守る著者」として知られています。「3月末までにお願いします」と言われたら、3月末までに必ず原稿を仕上げて提出します。

編集者から聞いた話ですが、著者の中には「締め切りを守らない著者」というのもいるようです。締め切りが近づいたら、「締め切りを1週間だけ延ばしてください」と言う。そして、次の締め切りがきたら、「もう1週間、お願いします」と。結局、原稿ができあがるのは、締め切りから1ヶ月もしてからということもあるそうです。

締め切りを延ばすクセがあると、締め切りを設定してもノルアドレナリンが出ません。頭の中のどこかに、「どうせ締め切りを延ばせばいいや」という気持ちがある。それでは追い込まれた状態、つまりピンチの状態になりませんから、脳は本気にならず、ノルアドレナリンは出ないのです。

常に締め切りを厳守する人は、緊急応援物質ノルアドレナリンの応援力によって締め切りどおりに終わらせることができます。締め切りを延ばすクセがある人は、ノルアドレナリンの力を借りられずにダラダラと仕事をしてしまいます。先の「だらしない著者」の例で言うと、１ヶ月もの時間の無駄が生じるのです。

１００％締め切り厳守ができる「ケツカッチン仕事術」

そうは言っても、締め切りを延ばすクセを持っている人にとって、締め切りを厳守するのはそう簡単ではないと思います。

しかし、どんなにだらしない人でも、１００％締め切り厳守が可能になる仕事術があるのです。

実際、私もこの仕事術をよく使います。

『覚えない記憶術』（サンマーク出版）を執筆したときのことです。本の締め切りというのは、本を書きはじめるときに、著者と編集者で相談して決めるのですが、この本の場合は、９月末を締め切りに設定しました。そこで、私は10月7日から11日間のアメリカ旅行の予定を入れたのです。

これは、本を書き上げた自分への「ご褒美」という意味もあるのですが、締め切りは9月末ですが、どんなに遅くても旅行の出発前日の10月6日までには仕上げないといけません。もし仕上がらないと、旅行中に観光せずに原稿を執筆しないといけないはめに陥るからです。それだけは、絶対に避けたいです。**この「絶対に避けたい」状況で分泌されるのが、ノルアドレナリンです。**

締め切りの後に、次の予定を入れてしまうことを、「ケツカッチン仕事術」と呼んでいます。「ケツカッチン」とはテレビの業界用語で、「この後に予定が入っている」という意味で、「ケツカッチンなので、今日はこれで失礼します」というように使われます。

この「ケツカッチン」状態を意識的に作り出すことで、締め切り厳守仕事術ができるようになるのです。

第2章

朝の時間を最大に生かす
脳のゴールデンタイム術

1日の中で集中力が最も高い時間帯は、「朝の時間」です。朝の時間をどう活用するかで、その日1日が決まるといっても過言ではありません。

また、朝起きてから2〜3時間の時間帯を、「脳のゴールデンタイム」といいます。本章では、「脳のゴールデンタイム」の活用法についてお伝えしていきます。

最高の朝 その1

脳のゴールデンタイムを活かす

起床直後がゴールデンタイムになる理由

朝起きてから2～3時間は、なぜ、「ゴールデン」と呼ばれるほど、素晴らしい時間帯なのでしょうか。

まず、睡眠中に私たちの頭の中は整理整頓されます。夢によって、「前日の出来事」の記憶が整理整頓され、**朝起きた直後の脳は、「片づけられて何も載っていないまっさらな机」のような状態になります。**

はじめは机の上に何も載っていなくても、仕事を進めるにつれて、書類や文房具が机の上にちらばりはじめます。これと同じことが脳内でも起きているのです。

朝起きたときの脳の状態は、「何も載っていないまっさらな机」と同じ状態なので、広々と作業スペースを使えて、仕事の効率も抜群にはかどります。

２０１６年に開発された、集中力を継続的に測定できる新型のメガネ「ＪＩＮＳ ＭＥＭＥ（ジンズミーム）」が、興味深いデータを提供しています。

「ジンズミーム」を使った５００人の平均データによると、**１日で最も集中力が高い時間帯は、朝６～７時台です**。その後、９時以降、集中力は徐々に低下し、昼の２時に低くなり、その後、４～５時の終業時間に向けて、集中力が高まります。

このデータは、起床後２時間は、１日の中で最も集中力が高い「脳のゴールデンタ

時間帯別の集中力の変化

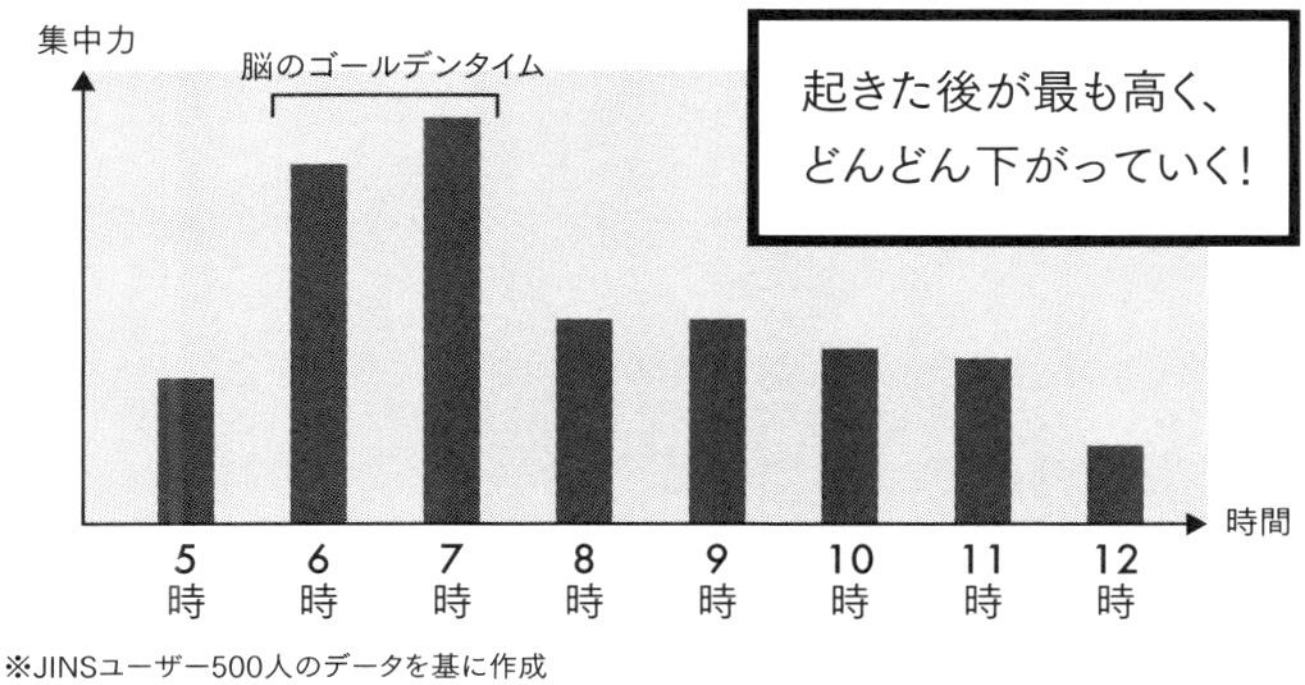

※JINSユーザー500人のデータを基に作成

イム」であるということを見事に証明しています。

脳のゴールデンタイムでこなすべき仕事としては、クオリティの高い文章を書いたり、理論的な仕事、語学学習、難しい書類を読んだり書いたりする、高度な注意力を必要とする書類作成など、「脳のスペック」や集中力を必要とする「集中仕事」が向いています。

集中仕事をこなすには、「午前中」しかない

前述したように、私は午前中を「執筆」の時間に充てています。なぜならば、クオリティの高い文章、つまり本として出版するような文章は、午前中にしか書けないからです。メルマガやFacebookに載せるような、ライトな文章は午後でも夜でも、電車の中でも書くことができます。しかし、精緻《せいち》に計算され、一字一句表現のバランスが要求されるレベルの高い文章は、午前中にしか書けないのです。

アメリカのベストセラー作家で、『キャリー』『スタンド・バイ・ミー』『グリーン・マイル』などの作品で知られるスティーヴン・キングがいます。彼が自らの小説作法をまとめた『書くことについて』（小学館文庫）という本があります。その中でキングは、1日の時間の使い方についてこのように書いています。

「私の日課は実にわかりやすい。午前中は執筆。午後は昼寝と手紙。夜は読書と家族団欒《だんらん》、テレビでレッドソックスの試合、どうしても後回しにできない改訂作業。というわけで、原則として、執筆は午前中ということになる」

これを読んだとき、私は驚きと同時に、非常にうれしい気持ちになりました。それは、キングの日課が、私の日課とほとんど同じだったからです。

特に、午前中は執筆時間で、1年365日をほとんど同じ日課で過ごす。つまり、毎日午前中は同じように文章を書く。このほとんど同じ日課を、キングは何十年にもわたって続けているわけですが、私もまた、こういう日課を作家になって以来、10年以上続けているのです。

最高の朝 その2

始業直後の30分が大事

日本人は、怠惰なのか⁉

私がアメリカに留学中の話です。あるパーティーで、日本企業に勤めたことのあるアメリカ人からこんな質問をされました。

「日本人というのは、お茶を飲んだり、新聞を読んだり、なんで朝ダラダラしているんだ？　さっさと仕事を始めれば、残業なんてしないでも済むのに」

この質問には、驚きました。日本人のワークスタイルは勤勉と言われるのに、アメリカ人から見ると、「ダラダラしている」と思われているのです。

私が働いていた研究室では、夕方の5時をすぎると閑散としますが、朝の時間帯は活況を呈《てい》していました。朝の8時半にはほとんどのスタッフがそろって、実験の準備をしたり、ミーティングをしたりしていました。

日本人は、「9時出社」のイメージがありますが、**アメリカ人は、「9時からベストパフォーマンスで仕事を開始する」というイメージを持っています**。ですから、コーヒーを飲んだり、その日の実験のミーティングをするなど、「準備運動」的なことは、始業前に済ませているのです。そして、9時からは猛然と仕事を開始するのです。

アメリカ人は5時ごろになると帰る、と言いました。逆に言うと、仕事が終わらないときは、翌日の朝に早く来て仕事をするのです。

日本人は、仕事が終わらないとき、帰る時間を遅くして残業で辻褄《つじつま》を合わせます。しかし、労働生産性の高いアメリカ人は、朝の時間の重要性をよく知っています。

日本人は、朝の時間帯の重要性をほとんど認識できていません。朝、スタートダッシュで仕事をすることで、「脳のゴールデンタイム」が有効利用できて、午前中の仕事効率は圧倒的に高まり、結果として遅くまでの残業やダラダラした時間を減らせることは、間違いないのです。

「朝の30分＝夜の2時間」の法則

それではあなたは、始業直後、最初に何をしているでしょうか。パソコンを立ち上げて、メールやメッセージの確認と返信をするという人が多いと思います。

しかし、「始業直後のメッセージの確認は、最大の時間の無駄」というのが、私の認識です。なぜならば、**朝にメールチェックをすると、「脳のゴールデンタイム」は、それだけでほとんどなくなってしまう**からです。

起床後、2〜3時間が、「脳のゴールデンタイム」です。しかし、朝7時に起きて身支度や朝食をすませて、8時に家を出て、9時に会社に到着する。とすれば、「脳のゴールデンタイム」は、1時間しか残っていないことになります。

その1時間のうち、30分近くをメールやメッセージの返信に費やすとすれば、「脳のゴールデンタイム」はまったく有効活用できないまま終了となります。

メールやメッセージの返信は、あまり集中力を必要としない「非集中仕事」の代表です。それを、1日の中で最も集中力が高い時間帯に行うことが、どれほどの無駄につながっているでしょう。

圧倒的に集中した30分を上手に使うと、かなりの「集中仕事」をこなすことができます。私の場合は、いきなり執筆を開始するのですが、最初の30分でかなりの文字数を、それも非常に高いクオリティの文章を書くことができます。ですから、朝の時間は4倍の時間価値を感じます。

朝の30分は、夜の2時間に匹敵するのです。

始業直後30分で何をするのか？

あなたの仕事の中で最も重要なことをこの時間に持ってきましょう。

この時間を上手に使うことによって、その日の仕事の終了時間が、1、2時間くらい短縮できる可能性もあります。集中力を要する重たい仕事を、ゴールデンタイムのうちに終わらせるのです。

最高の朝 その3

超・朝活起床術

「朝のスッキリ」を手に入れる5つの方法

起床してから2~3時間は、頭が冴えわたる「脳のゴールデンタイム」である。という話をすると、必ず反論する人がいます。

「起きてから1時間は頭がボーッとしている。ゴールデンタイムどころじゃない!」

「私は夜型だから、朝は苦手です。朝にクオリティの高い仕事ができるはずがない!」

朝に弱くて朝起きるのが苦手だ、朝起きてもしばらくボーッとしている、という人は多いと思います。「朝に弱い人」は、「脳のゴールデンタイム」をまったく活用できていないわけですが、それは私に言わせれば、**1日の半分を失っているのに匹敵します。**

しかし、どんなに「朝が弱い人」でも、簡単な生活習慣の改善で、朝から脳を臨戦態勢にすることが可能なのです。起床して15分後には、頭も身体もスッキリした状態になれる5つの方法について紹介します。

超・朝活起床術1 朝シャワー

朝起きるのがつらい。朝が苦手だ。

20歳くらいの頃の私は、まさしくそんな「朝が弱い人」の典型でした。

以前の私は完全に夜型でした。朝が苦手で遅刻ギリギリまで寝ている始末。社会人になってからも、朝起きるのがつらくてしょうがないし、9時に仕事をスタートしても、1時間くらい経たないとエンジンがかからない。

そのままではダメだと思い、「早起き術」というような本を何冊も読みましたが、効果が出ず、自分に早起きは絶対に無理だと思っていました。

それほど朝が苦手だった私が、ある習慣を手にしてから、起床10分後には、エンジン全開で仕事ができるように変身したのです。その人生を変えた生活習慣が、「朝のシャワー」です。

私は39歳まで、ずっと北海道に住んでいました。39歳でアメリカに留学し、3年後に日本に帰国しました。帰国時に、「作家になろう」と思った私は、生まれてから39年間住み続けた北海道を離れ、「出版するなら、東京しかない」と、東京に住みはじめました。

東京の夏は暑いです。夏の夜は、汗だくになります。朝起きると、汗で身体がベトベトします。そんな状態で1日をスタートするのは最悪なので、当然朝はシャワーを浴びます。

するとどうでしょう。5分間のシャワーが終わって外に出たときには、頭がシャキッとして、気持ちも晴れ晴れとしているではありませんか。**身体をふいて、着替えるやいなや、自分の机に直行し、いきなり文章を書きはじめることができるのです。**気がつくと1〜2時間が、あっというまに過ぎています。そして、クオリティの高い文章が見事に完成しているのです。

北海道に住んでいた私は、朝にシャワーを浴びるということはまずありませんでした。生活環境の変化が、人生における重要な発見につながったのです。

朝シャワーの習慣を身につけて、私の人生は変わりました。朝シャワーで、完全にスイッチがONになり、午前中から絶好調で仕事がこなせるようになったのです。

「夜型人間だ」と思い込んでいた私が、今は「朝型人間」に生まれ変わり、朝から絶好調で仕事ができています。以前と比べると、毎日が3時間くらい長くなった実感があります。

朝シャワーで頭が蘇る医学的理由

それではなぜ、朝シャワーにはすごい効果があるのでしょうか。

それは、医学的にしっかりと説明が可能です。シャワーを浴びることで、夜の神経（リラックスの神経）である「副交感神経」から、昼の神経（活動の神経）である「交感神経」に切り替わるからです。

私たちは、昼の間は交感神経が優位になり、体温・心拍数・呼吸数が上がり、身体が活発に活動できるような体勢がつくられます。一方、夜になると副交感神経が優位になり、体温や心拍数は下がり、身体の活動性を下げてリラックスさせることで、睡眠、休息、疲労回復を助けているのです。

朝起きて、頭がボーッとしているのは、まだ副交感神経が優位の状態にあるからです。つまり、目は覚めているものの、頭も身体も、「夜の神経」に支配され、本格的に活動をはじめていない状態にあるのです。

では、副交感神経を交感神経に切り替えるのにはどうすればいいのでしょうか。

それはとても簡単です。交感神経優位の状態は、体温や心拍数の上がった状態なので、逆に、体温や心拍数を上げてやれば、自然に交感神経が優位になります。

つまり、朝にシャワーを浴びることで体温が上がりますが、身体の血流もよくなり、心拍数もアップします。結果として、たった5分間のシャワーでも、浴び終える頃には、副交感神経から交感神経に、しっかり切り替わっているのです。

交感神経をオンにするためのシャワーの温度は、少し熱めのほうがいいとされます。

私は、1年365日、ほぼ毎日、朝シャワーを浴びます。浴びない日は、まずありません。もし浴びないとすると、午前中の執筆活動ができなくなります。午前中の脳のゴールデンタイムを3時間まるごと失うことになります。その時間損失は、あまりにも大きすぎます。**たった5分間のシャワーで、極めて質の高い3時間を得ることができるのです。**

5分間の時間投資で、その36倍もの時間が得られます。これほど時間効率を高める投資はなかなかありません。

シャワー以外の方法で、交感神経をオンにする方法としては、運動があります。朝の散歩、あるいは朝のランニングです。

しかし、「朝が弱い」と言っている人に、いきなり「朝の散歩やランニングをしなさい」と言うのはとても難しいことでしょう。ということで、たった5分間でできる、「朝シャワー」の習慣からはじめることをおすすめします。

超・朝活起床術2

カーテンを開けて寝る

「なんて気持ちがいいんだろう。実に清々《すがすが》しい朝だ。窓から入る朝日が、ポカポカして最高じゃないか」

いつも目覚めの気分が最悪で、早起きできなかった私が、めずらしくスッキリと清々しい気分で目を覚ますことができたことがあります。

私はハッとしました。前日に飲み会から帰ってきて、すぐにベッドに入った私は、うっかりカーテンを閉め忘れて、そのまま寝てしまったのです。翌朝、窓から心地いい朝日が入り、その朝日のおかげで、スッキリとした気分で目が覚めることができたのでした。

それ以降、カーテンを開けて寝ることを習慣にしたところ、毎日、気持ちよく目が覚めるようになり、さらに午前中も頭がスッキリするようになったのです。

「朝シャワー」と「カーテンを開ける」。この習慣を組み合わせるようになってから、夜型だった私が、完全に朝型に切り替わりました。

一般的にはカーテンを閉めて寝るのが常識です。カーテンを開けて寝ると、防犯上は好ましくない。非常識なことだと思う人もいるでしょう。

しかし、カーテンを開けて寝ると、朝日が窓から入り、目覚まし時計に頼らなくても、自然な目覚めが得られるようになるのです。

朝、脳に指令を出す物質とは？

それでは、なぜカーテンを開けて眠ると、スッキリ目が覚めて寝起きがよくなるのでしょうか。

それは、朝日を浴びるとセロトニンという脳内物質が活性化するからです。

セロトニンは、睡眠と覚醒をコントロールする脳内物質です。日が昇り太陽からの光刺激が網膜から入ると、その刺激が中脳から脳幹にある「縫線核《ほうせんかく》」という部分に伝わり、セロトニンの合成がスタートします。

セロトニンは、「脳のオーケストラの指揮者」とも言われます。睡眠と覚醒のリズム、つまり身体の1日のリズムを司るのです。

オーケストラの演奏は、指揮者のタクトの一振りからスタートします。脳の「覚醒」という演奏は、「光刺激」が合図となって、縫線核がタクトの最初の一振り、つまり**「セロトニンの合成をスタートしなさい」という指令を出し、1日の活動がスタートします。**

セロトニンは日の出とともに合成と分泌が盛んになり、午後から夜にかけて活性が低下し、ノンレム睡眠時ではまったく分泌されなくなります。

セロトニンが分泌されると、「今日も1日頑張るぞ」という気持ちになります。身体に力がみなぎり、ハツラツとした気分になります。頭もスッキリとして、すぐに仕事をスタートできる状態になります。

セロトニンが低いと「うつ病」になる？

セロトニンが下がると、気分は憂鬱になります。朝、目が覚めて、「何もしたくない」「布団から出たくない」「このままずっと寝ていたい」という気持ちが起こるのは、

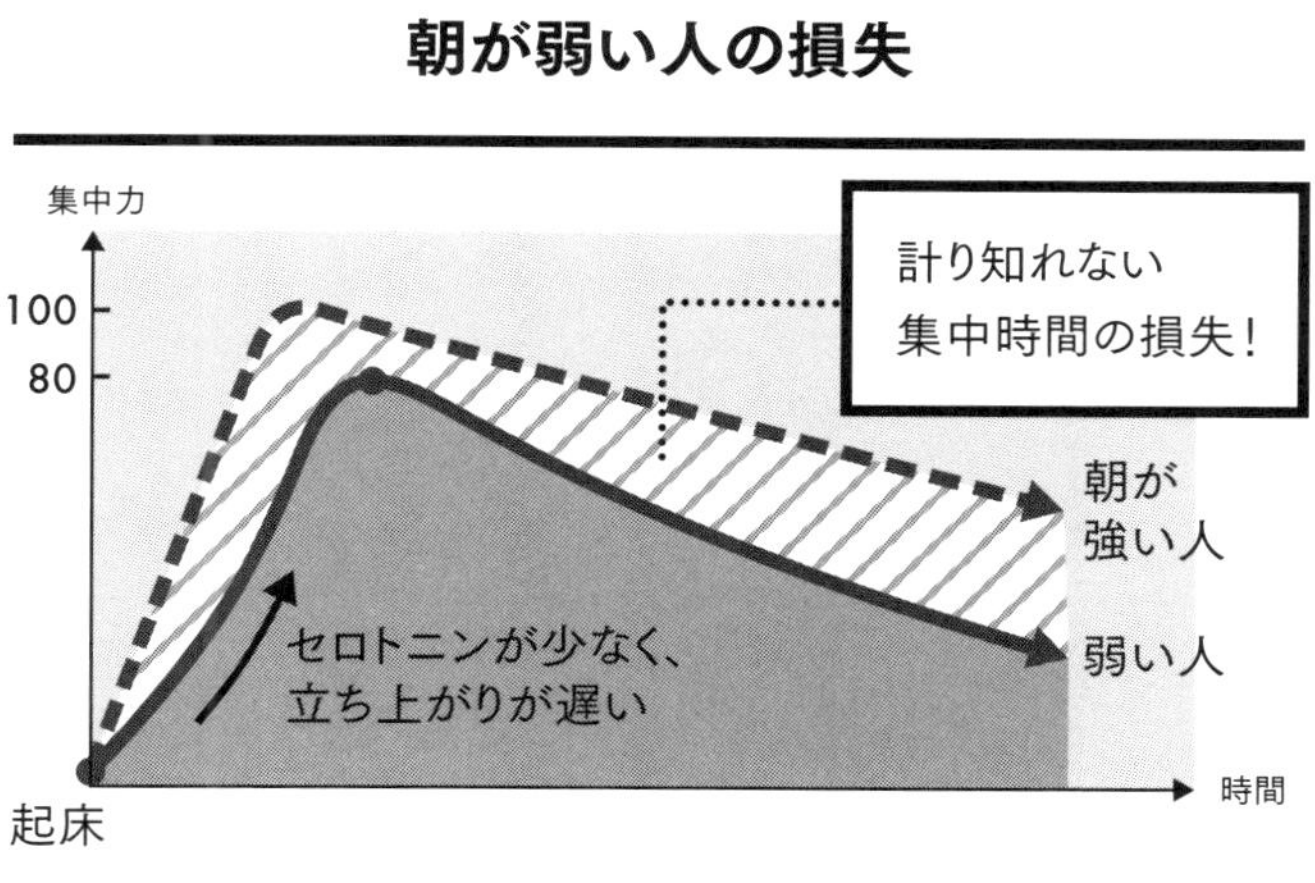

セロトニン神経が弱っている証拠です。

セロトニン神経が弱った状態が長期化して、さらにセロトニンの分泌が悪化することで「うつ病」になります。うつ病の患者に共通する特徴ですが、「朝起きるのがつらい」ということをよく言います。当然、やる気や元気もなく、活力も湧きません。

セロトニン神経は睡眠中のレム睡眠時に、ほぼ活動を休止します。つまり、**朝起きた直後というのは、脳内のセロトニン濃度がゼロに近い状態なのです**。朝起きて、「気分が悪い」「起きたくない」「もっと寝ていたい」と思うのは、セロトニンがほぼゼロなので、当然の反応です。

カーテンを閉めて寝ると、目覚まし時計でたたき起こされた瞬間には、網膜から光刺激が入っていませんから、脳内はセロトニンがゼロの状態です。つまり、気分がものすごく悪いのは当然なのです。

しかし、カーテンを開けて寝るとどうでしょう。朝日が昇り、窓から光が入ってきます。**まぶたを閉じていたとしても、網膜には光刺激が入ってくるので、ゆるやかではありますが、縫線核でのセロトニン合成はスタートします。**

目が覚めてきて、「さあ、起きようか」と思ったときには、脳の中のセロトニン濃度はある程度のレベルまで上がっています。ですから、カーテンを開けて寝るだけで、さわやかな気分で起きることができるのです。

超・朝活起床術3　不動明王起床術

朝日による自然な起床が身についてくると、目覚まし時計が鳴る前に、スッキリとした目覚めができるようになります。

しかし、「カーテンを開けて寝ているけども、あまり効果がない……」という人もいるかもしれません。特に、頑固な夜型の人はそうかもしれません。それは、セロトニン神経が弱っている可能性もあります。

そういう人は、目覚ましが鳴った後、すぐに起き上がらずに、5分間、横になったままで目を開けたままにしてください。朝が弱い人の多くは、「あと5分、あと10分でいいから寝ていたい」と思い、目をつぶってしまうはずです。そこを、少しだけ我慢するのです。

セロトニンの合成には、「日光」が必要です。2500ルクスの光を、5分以上浴びるとセロトニン合成がスタートします。カーテンを開けて寝ると、よほど日当たりの悪い部屋でないかぎり、2500ルクス以上になります。

つまり、**朝日の入る部屋で5分間目を開けていると、必ずセロトニンのスイッチがON**

になり、「つらい気分」「嫌な気分」が、「さわやかな気分」「はつらつとした気分」に置き換わっていくのです。この効果は絶大なので、ぜひやってみてください。

5分が長いというのなら、3分でもいいでしょう。あるいは、たった1分でも、目をパッチリ開けていれば、目が覚めてきて、「嫌な気分」はみるみるうちに消えていきます。

私の場合、1分ほど目を開けているだけで、頭がスッキリするようになりました。この朝の1分間で、「今日1日、何をしようか？」と考え、素晴らしい1日になるようにイメージします。

不動明王のようにカッと目を見開くだけで、スッキリとした目覚めが得られます。これを、「不動明王起床術」と呼びましょう。

これを実践すると、頭がスッキリするとともに、「よし、今日も1日頑張るぞ」という気力があふれてきて、スッキリとした寝起きが実現できるのです。

超・朝活起床術4　リズム運動

朝、セロトニンを活性化することでスッキリと目覚められるので、日光を浴びることが重要であることを先ほど説明しました。セロトニンを活性化する方法は、日光を浴びる以外にもあります。それが、「リズム運動」です。

「リズム運動」というのは、「イチ、ニ、イチ、ニ」のかけ声に合わせてできるリズミカルな運動のことです。

具体的には、ウォーキングやジョギング、階段の上り下り、首回し運動、ラジオ体操、水泳、ゴルフのスイング練習、深呼吸、音読、読経、発声練習、カラオケなど、いろいろあります。

セロトニンを活性化させるための「リズム運動」は、最低5分以上が必要ですが、長時間続ける必要はありません。あまり長く続けると、神経が疲れてしまい逆効果です。

最も簡単な「リズム運動」は、歩くことです。つまり、「朝の散歩」はとてもおすすめの習慣です。**朝起きたら、15〜30分程度、少し早足で外を散歩してみてください。**これだけで、「日光を浴びる」＋「リズム運動」で一石二鳥のセロトニン活性効果があります。

超・朝活起床術5　よく嚙んで朝食をとる

朝が苦手な人は、朝食をとらない人が多いと思います。ギリギリまで寝ているので、朝食を食べる暇がなく、身体がまだ寝ているような状態なので食欲が湧きません。

しかし、朝が苦手な人ほど、朝食をとるべきです。

その理由は、「咀嚼《そしゃく》」にあります。すなわち「噛《か》む」ことによって、脳を覚醒させることができるからです。

実は、セロトニンを活性化させる方法は、「日光を浴びる」「リズム運動」に加えて、「咀嚼」も効果的なのです。

咀嚼すると、顎の筋肉がリズミカルに収縮・弛緩を繰り返すので、効果的なリズム運動となり、セロトニンを活性化して効果的なのです。

噛むだけでセロトニンが活性化するのですから、こんなに簡単な方法はありません。**朝食をよく噛んで食べるだけで、朝食を食べ終わる頃には、セロトニンのスイッチがONになり、脳が覚醒モードに切り替わるのです。**

ただ食べればいいわけではない

また、朝や午前中に頭がボーッとするという人は、低血糖に陥っている可能性があります。朝起きた直後の時間帯は、1日の中でも最も血糖値が低くなる時間帯です。脳は、体重全体では2%の重さしかないのに、全エネルギーの20%を消費しています。

脳は、血中の「ブドウ糖」を栄養として利用するために、低血糖の状態では、脳はエネルギー不足に陥り、ベストなパフォーマンスを発揮することができません。

寝起きが悪い、朝に頭がボーッとするという人は、脳のエネルギー不足でボーッとしている可能性があります。ですから、朝食をきちんととるようにしましょう。

セロトニンを活性化するための「朝食術」を簡単に紹介すると、**「ひと口分を20回以上噛んで食べる」ということです。これは簡単そうに聞こえて、意外と難しいことです。**

朝が苦手な人は、ギリギリまで寝ているため、3分ほどで早食いする人が多いでしょう。よく噛まないで食べても、セロトニンは活性化しません。

シリアル、ゼリー、お茶漬け、ファストフードのハンバーガーのような歯ごたえのないものは、ほとんど咀嚼しないでも食べられてしまうので、これもセロトニンを活性化しません。

また、白米を玄米や雑穀に替えると、歯ごたえが生まれるので、よく噛まないと食べられず、知らず知らずのうちに咀嚼するクセがつくのでおすすめです。

絶対にやってはいけない朝の習慣

ここまで、1日のロケットスタートを切るための朝の習慣についてお話をしてきましたが、たった一つの〝あること〟をすると、「脳のゴールデンタイム」が台無しになります。

それは、「テレビを見ること」です。朝、朝食や身支度をしながら、とりあえずテレビをつけて情報番組を流しているという人は多いのではないでしょうか。

「1日の最初は、ニュースで情報を入れておかないと」という人もいるでしょう。あるいは、「占いコーナーがはじまったら家を出る」など、家を出る時間の目安にしている人もいるかもしれません。しかし、この朝のテレビ習慣は、まったくおすすめできません。

なぜならば、最も集中力の高い時間帯である「脳のゴールデンタイム」を完全に吹き飛ばしてしまうからです。

朝起きたときの脳内の状態は、「整理されてきれいな机の上」のような状態にあります。しかし、**テレビというのは情報の嵐です。「テレビを見る」という行為は、そのまっさらな机に、たくさんの資料をぶちまけるようなものです。**

「整理された脳」が、いきなり「乱雑な脳」に変わってしまう。その状態で、高い集中力を維持することは、もはや不可能です。

脳のゴールデンタイムは、起床後の2～3時間であると何度も繰り返していますが、実はその時間を4～5時間にまで延長させることは可能です。それは、「非常に整理されたきれいな机の上」を、整理されたまま使えばいいのです。

つまり、雑念や雑事を完全に遮断し、いろいろな仕事に手をつけずに、一つの仕事に絞ってこなしていくのです。そうすると、脳の作業スペースが乱雑になりません。そうすると、気がつくと昼の2時くらいになっていて、「ああ、こんなに集中して仕事ができたんだ」ということが、しばしば起こります。

逆に、乱雑に使えば脳のゴールデンタイムは一瞬で終了します。

脳のゴールデンタイムをより長く活かすためには、午前中は余計な情報は入れず、あえて「情報遮断」をするのです。

まずは、自分に最も大切な「集中仕事」、その一点に集中すべきです。

最高の朝その4

朝一番の仕事術

サラリーマンに残された最後の切り札

「起床後2〜3時間、脳のゴールデンタイムを活用しよう！」と言われても、多くのサラリーマンは、「自分には無理」と思ったかもしれません。朝起きてから、洗顔、身支度、朝食で1時間程度、通勤に1時間の時間をとられるとすれば、会社に着く頃には脳のゴールデンタイムはほとんど残っていないことになります。

ではどうすればいいのかといえば、「早起き仕事術」しかありません。

2時間早く起きて、通勤ラッシュがはじまる前の電車に乗り、座席に座って楽々と読書をし、会社近くのカフェで、自分の時間を活用するという方法です。

実際、朝8時頃、ビジネス街のカフェをのぞいてみると、「自分の時間」を有意義に使っているサラリーマンをたくさん見ることができます。

ある人は参考書や問題集を開いて資格試験の勉強をしていたり、ある人は英語の論文や英語の資料を読んでいたり、ある人はビジネス書をじっくりと読んでいたり、ある人はパソコンを開いて猛烈な勢いでキーボードを打っていたり……。そのように、朝の集中力の高い時間帯を有意義に活用しようという、熱意にあふれたサラリーマンが、朝のカフェにはたくさんいます。

また、朝の時間帯は電話が鳴らないというメリットもあります。9時の始業後は、問い合わせなどいろいろな電話がかかってきますが、9時前にはまず電話は鳴りません。

朝のカフェは集中力が高い上に、邪魔が入らないという意味で、「缶詰仕事」をするのに格好の場であり、**カフェで過ごす「朝の2時間」はサラリーマンにとって、「最高の自己投資時間」**となるはずです。

2時間早起きをして、自己投資のために2時間を使ってみる。週5日で10時間、1ヶ月で40時間。1年で480時間です。

何か資格を取得するのにも十分な時間ですし、語学の勉強をすればかなりの上達が期待できます。読書に充てれば、100冊は読める計算です。

仕事が終わってからは、頭も身体も疲れているので、そこまでの勉強量は無理です。あるいは、なんとか頑張ってやったとしても、効率が悪すぎます。サラリーマンが質の高い自己投資時間を確保するには、「早起き仕事術」しかないのです。

始業後、一番最初に何をする？

始業開始時には、メールやメッセージのチェックをするな、と前に述べました。それでは、仕事をスタートしたときに、その最初の時間で何をするべきなのでしょうか。

まずは、「時間の割当を決める」ことです。集中時間術で重要なのが、この「時間の割当」です。集中力の必要な仕事は集中力のある時間帯に割り振る必要があります。

そのためにまず、「ＴｏＤｏリスト（やるべきことリスト）」を書きます。今日1日でしなくてはいけない仕事をリスト化します。

次に、それをどのような順番でこなしていくのかを決めていきます。1日のスケジュールを仕事の流れとしてイメージします。

そして、ＴｏＤｏリストの中で、最も集中力を要する仕事には、「☆」マークをつけます。「☆」マークの仕事は、午前中に優先的に処理する必要があります。

従来のToDoリストの書き方では、「重要度」や「緊急度」で優先順位を決定するだけですが、樺沢流の時間術では、**そこに「集中度」（集中力が必要かどうか）を加味して考えます。**

従来のやり方では、重要度も緊急度も高くないが「集中度」が必要な仕事は、いつまでたっても処理できないで残ることになります。

「フロー」と呼ばれる高い集中状態に入るためには、仕事をしている途中で、「次に何をしようかな……」と考えないことが重要です。

「次に何をしようかな」と考えると、高まっていた集中力がリセットされてしまいます。また、そうした雑念に引っ張られて、目前の仕事から脱線して別のラクな仕事をしていたということもよく起こります。

「次に何をしようかな」という考えは、強烈な雑念となります。集中力を切らさずに仕事を効率的にこなすためには、「流れ作業」のように、滞りなく、流れるように仕事をこなしていくことがとても重要です。

そのために、ToDoリストを使いこなしましょう。ToDoリストが見えるところにあれば、「次に何をしようかな」と考えることもなく、リストをチラッと見て、速やかに次の仕事に移っていけばいいだけです。

第3章

昼の時間を最大に生かす午後のリセット術

午前中にスタートダッシュして、猛然と仕事をしていると、当然、脳も身体も疲れてきます。集中力も低下してきます。そんなときに、簡単に集中力をリセットできる、「集中力のリセットボタン」があります。

本章では、そんな「集中力リセット術」をお伝えしていきます。

最高の昼その1

外出ランチ・リセット術

完全リセットで午後のエネルギーを蓄える

昼以後の時間術の基本は、**いかに集中力をリセットするかにかかっています**。「昼休み」「午後」「夕方」……、と時間帯ごとに最適な集中力リセット術を活用することが、午後の時間創出と仕事効率化の最大のポイントとなります。

午後の仕事の効率を上げるためには、まずは「昼休み」の使い方が、ものすごく重要です。ここで、どこまで「リカバリー」(回復)できるか、集中力をリセットできるかどうかによって、午後の仕事がすべて決まってしまうと言っていいでしょう。

あなたは、ランチをどこで食べていますか。

忙しいビジネスマンであれば、「外に食べに出かける時間がもったいない」と言って弁当を自分のデスクで食べたり、てっとり早く社員食堂で済ませたりするという人も多いのではないでしょうか。あるいは、おにぎりやサンドイッチを買ってきて、昼休み返上で仕事をしながら食べるという人もいるかもしれません。

しかし、忙しいビジネスマンほど外食ランチに出かけるべきなのです。なぜならば、外食ランチこそが、最強の「集中力リセット術」だからです。

昼休みは、集中力回復の絶好のチャンスです。**午前中の仕事で、40%や50%にまで下がってきた集中力を、昼休みの間に90%くらいまで回復できる可能性があるのに、**

昼休みのリセットが下手な人の損失

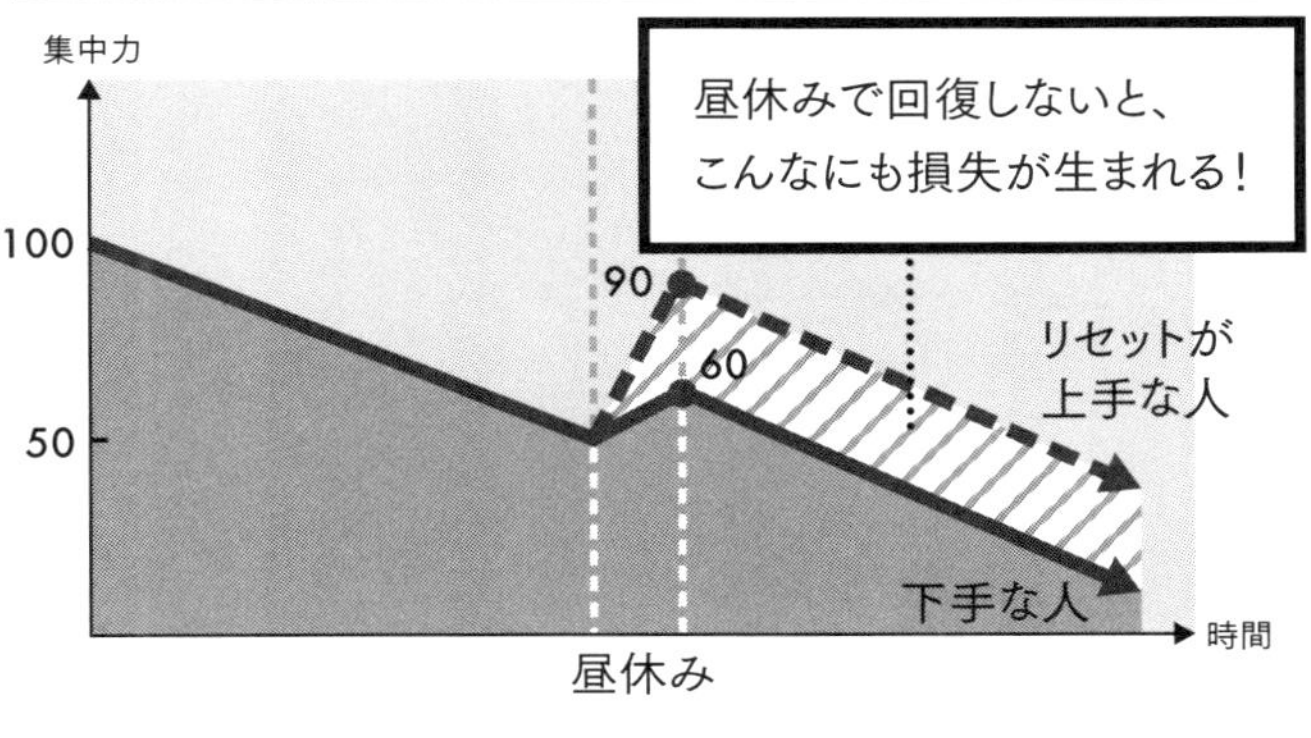

60〜70％までしか回復できないとしたならば、その後の午後の集中時間を2〜3割以上もロスすることになります。60分をきちんと休まないことによって、その後の2時間を失うというイメージです。

その結果、仕事が終わらず、残業するはめになるのです。

私は、午前中は部屋にこもって猛然と執筆をしていますが、昼をすぎて脳も疲れ、お腹が減ってくると、必ず外食ランチに出かけます。1年の昼食のうち、80％以上は外食をしています。

私がそこまでこだわる、「外食ランチ・リセット術」。その具体的な方法とその脳科学的理由についてお話ししていきましょう。

ランチ・リセット術1　平常心に戻るセロトニン効果

外食ランチをすると、セロトニンが活性化します。セロトニンは、「癒やし」「リラックス」「平常心」などに関する脳内物質です。セロトニンが低下するとイライラしたり、怒りっぽくなります。また、セロトニンが低下すると、意欲も低下します。

昼までずっとデスクワークをしていると、セロトニンは低下してきます。そこで、適切な方法でセロトニンを活性化させる必要があります。セロトニンを復活させることで、爽やかな気分になって気分転換もでき、午後の仕事もはかどるようになります。

セロトニンを活性化させる方法は、3つあります。それが、第2章でも紹介した、「日光を浴びる」「リズム運動」「咀嚼」です。

ですから、会社から5分ほどの定食屋まで歩いていき、そこでご飯を食べるだけで、青空の下、「日光を浴び」、「リズム運動をし」、「咀嚼する」というすべてが満たされ、セロトニンが活性化されるのです。

ただ食べるだけでなく、**「日光を浴びる」のと、少しの距離を「歩く」ということが重要です。**

同じビルの中をエレベーターで地下に降りて、地下の飲食店街の定食屋で済ませるのでは、「集中力リセット」に役立ちません。日光を浴びていないし、ほとんど歩いていないからです。

重要なのは「日光」「運動」「咀嚼」の3つですから、会社から出てコンビニで弁当を買って、あるいは自宅で作った弁当を持って近くの公園まで歩いていって、そこで弁当を食べてもよいのです。これなら「外食」でなくても、セロトニン効果が得られます。

昼休みだけでも、外に出て、青空の下を少し歩くだけで、セロトニンはかなり活性化します。こんな簡単なことでも、集中力のリセットと、午後の仕事効率のアップに大きく役立つのです。

よく噛むことでセロトニン回復効果を上げる

それでは、ランチに何を食べれば、集中力リセット効果が大きいのでしょうか。

栄養素の話を言い出すとキリがありませんのでそこまで言及はしませんが、歯ごたえのあるものをよく噛んで食べることが重要です。

たとえば、立ち食いそばを急いで5分ほどで食べても、セロトニン回復効果は得られません。あるいは、コンビニで売っているとてもふわふわのパンや、栄養ゼリーや栄養バーも「噛む」効果は弱いでしょう。

きちんと10分以上噛むことで、セロトニンの活性効果は表れるので、「あわてて食べるランチ」には、集中力リセット効果はないと思ってください。

また、「リズム運動」や「咀嚼」は、同時に言語脳を使ってしまうと、セロトニン活性効果が弱まります。つまり、**本を読みながら、あるいは仕事をしながら、あれこれ考えながらご飯を食べるというのは、セロトニン活性効果が弱まるのです。**

「歯ごたえのあるもの」を、10分以上かけてよく噛み、食事に集中して食べるのが、最も効果的にセロトニンを活性化させる食べ方といえます。

ランチ・リセット術2

記憶力アップの場所ニューロン効果

「歩く」「移動する」「場所を変える」というのは、脳に対して非常によい効果を発揮します。それは、移動することによって、「場所ニューロン」が活性化するからです。

場所ニューロンというのは、海馬に存在する、場所を司る細胞で、もともと自分がどこにいるのかを忘れないように記憶するための細胞です。

場所ニューロンが活性化することによって、海馬全体が活性化し、記憶力が増強します。「歩きながら勉強すると記憶しやすい」というのは脳科学的に正しいのです。

海馬というのは記憶の一時保管庫です。脳に入力されたすべての情報は、海馬に一時保存されます。

勉強したり、仕事をしたりするということは、「海馬を使う」ということです。つまり、**海馬が活性化すると、記憶力が高まり、勉強や仕事がはかどるのです**。

場所ニューロンは、行ったことのない場所に行くほど、より活性化します。ですから、どうせランチを食べるのなら、いつもと違った店に行くほうがいいでしょう。裏路地など、普段行かないエリアの店を探索する、というのも効果的です。

ランチ・リセット術3 ひらめき力が上がるアセチルコリン効果

もし、あなたが外食ランチをしているとしたら、「いつもの店で、いつものメニューを食べる」派でしょうか。それとも、「新しい店で、いつもと違ったメニューに挑戦する」派でしょうか。

おそらく、外食が好きな人は、この「常連派」と「食べ歩き派」のどちらかに分かれるはずです。

いつもの店で、絶対にはずれない「いつものメニュー」を食べるのは、悪いことではないのですが、「ランチ・リセット術」的には、「新しい店で、いつもと違ったメニューに挑戦する」ことをおすすめします。

いつもと違った行動をとるとき、脳ではアセチルコリンが活性化します。

「マンネリ」と「チャレンジ」という言葉がわかりやすいでしょう。いつもと同じ刺激（マンネリ）は、「安心」「安定」をもたらしますが、脳を刺激しません。**「おいしい店かど**

うかわからないけど、ちょっと入ってみよう」「このメニュー、初めてだけど食べてみよう」という「チャレンジ」によって、アセチルコリンが活性化するのです。

アセチルコリンは、「創造性」や「ひらめき」に効果があります。つまり、アイデア出しや企画を考えるという仕事と深く関わった脳内物質です。

ですから、昼休みに「いつもと違う行動」を意識すると、それだけでアセチルコリンを活性化し、脳をイキイキとした状態に切り替えることができるのです。

最高の昼 その2
脳をリセットする仮眠の技術

仮眠の脳科学的根拠

精神科医になって2年目、私は北海道の旭川の病院に勤めていました。

その病院は、道北地区の基幹病院で、道北で最も忙しい病院と言われていました。精神科も例外ではなく、外来にはものすごい数の患者さんが来ます。精神科の外来は、午前中で30人の患者を診察すればいっぱいだと言われますが、そこの病院は50人以上の人数を診察しないといけないのです。5分診療で4時間ぶっ通しでようやく診察が終わるという過酷さです。

精神科の診察というと、イスに座って話を聞いているだけなのですが、話の内容に深く集中して聞くため、想像以上の体力と精神力を消耗します。

午後1時半に診察が終わった後、昼食を食べ、ソファーに横になると、疲労困憊で立ち上がれない状態になります。午後からは、病棟回診をしなければいけませんが、そんな立ち上がれないほど疲れきった状態では、回診もろくにできません。

そこで私がしていたのが、30分の昼寝です。昼ごはんを食べたら、昼休みの残り時間は、すべて昼寝に充てます。そうすると、必然的に昼寝時間は30分となります。

しかし、**この30分の昼寝によって、脳と身体の疲れが猛烈に回復するのです**。私の新人医師時代は、そんな30分の昼寝に救われていました。

25年以上前、仮眠に疲労回復効果があることは、科学的には十分に証明されていませんでした。しかし、現在では、仮眠には絶大な脳の疲労と集中力の回復効果があり、病気の予防にも効果的であることが知られています。

仮眠は、集中力や記憶力など、脳のパフォーマンスを全般的に改善します。アメリカのNASAの研究によると、**26分の仮眠によって、仕事効率が34%アップ、注意力が54%アップしたそうです**。

アメリカでは、仮眠室やナップポッドと呼ばれる睡眠マシンを導入する企業が増えており、Googleやナイキなどの大手企業も導入しています。

日本の厚生労働省が作成する「健康づくりのための睡眠指針」が、２０１４年に11年ぶりに改定されました。そこには、以下のように書かれています。

「午後の眠気による仕事の問題を改善するのに昼寝が役に立ちます。午後の早い時刻に30分以内の短い昼寝をすることが、眠気による作業能率の改善に効果的です」

仮眠の効果について、国がお墨付きを与えているのです。

最適な仮眠時間は、20〜30分

仮眠には、最強の脳のリセット効果があります。それでは、何分の仮眠が最も効果があるのでしょうか。仮眠については様々な研究がありますが、20〜30分が効果的な仮眠時間として挙げられています。

30分を超えると効果が徐々に悪くなり、1時間を超える仮眠は、脳のパフォーマンス的にも健康的にも悪影響を及ぼします。

1時間を超えると深い睡眠に入ってしまうため、その後、目を覚ましてもすぐに脳は正常のパフォーマンスには戻りません。また、1時間を超える仮眠は、夜の睡眠に悪影響を及ぼし、不眠の原因にもなります。

また、仮眠は遅くとも午後3時までには終わらせるべきで、それ以後の仮眠は、やはり夜の睡眠に悪影響を及ぼします。

仮眠の健康に対する影響ですが、1日30分以下の仮眠が、アルツハイマー病の発症リスクを5分の1にするという研究があります。しかし、1時間以上の仮眠は、アルツハイマー病のリスクを2倍に増加させます。

働く男性の場合、週に3回以上、1回30分の昼寝をする人は、死亡率が37%低く、心臓病での死亡率は64%も低いという研究もあります。

また、糖尿病に関しても同様で、毎日30分程度の仮眠をとる人は、糖尿病のリスクが低く、逆に1時間以上の仮眠をとる人はリスクが高くなる、という研究があります。

こうしたデータを総合すると、1日30分前後の仮眠は、疲労回復、認知症予防、心臓病予防、糖尿病予防、身体の健康という観点からも非常にいいのです。そして、1時間を超える仮眠は、健康によくないということが言えます。

効果的な仮眠の方法

効果的な仮眠の方法について紹介しましょう。理想的には平らなところで寝るのがベストですが、**イスに座ったまま机の上で顔を伏せて眠るようなやり方でも、かなりの効果が得られます**。

また、眠る前に、コーヒーや緑茶などカフェインを摂取しておくと、約30分後にはカフェインの効果が表れるため、自然に目が覚めやすくなります。

1時間の昼休み時間で、30分で食事をして、残りの時間を仮眠に充てると、ちょうど20〜30分を仮眠時間として確保できます。

私の場合は、仮眠を習慣にしているわけではありませんが、疲れているとき、強い眠気を催したときには、我慢せずに20分ほどの仮眠をとるようにしています。

能率が低下したまま仕事をしてもはかどらないどころか、時間の無駄になります。「ひどい疲れ」を自覚したときは、無理して仕事を続けるよりも、短時間でもいいので仮眠して、疲労回復、集中力回復をしたほうがいいのです。

最高の昼　その3

午後のリセット仕事術

終業に向けてのラストスパート力をつける

午後2〜4時というのは、食後の眠気が出たり、仕事の疲れが出てきたり、1日の中で最もパフォーマンスの下がる時間帯といえるでしょう。

交通事故の統計を調べると、居眠り運転の事故が多発するのは、深夜の3〜4時と、午後2〜4時の2つのピークがあることがわかっています。これは、日本だけではなく外国の統計でも同様です。

つまり、**午後2〜4時というのは、生物学的に覚醒度が低下し、眠気が出やすい時間帯ということです**。覚醒度が低下するというのは、集中力も仕事効率も低下していることを意味します。

これが4時を過ぎると、「もうすぐ終業時間なので、それまでに終わらせないと！」という、最後の頑張りが発揮されることもあり、集中力が高まります。

ですから、集中力やパフォーマンスが下がりやすい、午後の2～4時をどう乗り切るかというのは、時間術的には重要な意味を持ちます。

ダラけてしまいやすい午後の時間帯をどのように乗り切るのか、「午後のリセット術」についてお伝えしていきます。

なお、以下の「午後のリセット術」は、「集中力が下がってきたときのリセット術」ですから、必ずしも午後に限った話ではなく、午前中の疲れたときや、やむを得ない夜の残業のときなどにも、そのまま活用してください。

午後のリセット1　運動リセット術

脳を活性化させる最も簡単で即効性のある方法を1つ挙げろと言われたら、私は間違いなく「運動」と答えます。たった10分間の運動で、ドーパミンやノルアドレナリン、セロトニンなどの脳内物質のレベルが高まり、次の90分間がよりエネルギーに満ち、集中力と学習効率が高まり、意欲もアップして前向きになり、イライラしない穏やかな気持ちで仕事ができるのです。

「仕事中に運動しろ！」と言われても、そんなの無理だと思うかもしれませんが、**リフレッシュのための運動は1分だけでも効果が得られます。**

たとえば、1階から3階に行くのにエレベーターを使わずに、階段で上がってみる。その程度のことなら当たり前すぎて運動にならないと思ったら、ダッシュで一気に駆け上がってみましょう。結構、息が切れます。あるいは、普通よりも早足で階段を上がるだけでも、結構な運動になります。

場所をとらずに、短時間で負荷の多い運動としては、スクワットが一番です。自分1人が立てるくらいのスペースがあればできますし、1分間で5回ゆっくりスクワットするだけで、いい運動になります。ゆっくりとした動きで10回もやれば、それだけで太ももが張ってきますし汗もかきます。

とにかく、机に向かって座りっぱなしの状態は、疲れがたまりやすく、集中力も下がってきます。「集中力が下がってきた」「仕事が手につかない」と思ったら、少し歩いたり、身体を動かしたりすることを意識するといいでしょう。

午後のリセット2

場所替えリセット術

外食ランチのときにも説明したように、場所を変えると場所ニューロンが活性化するので、海馬が活性化して、脳がリフレッシュします。

これは、ランチに限らず、常に言えることです。

机に向かって座りっぱなしの状態は、疲れやすく集中力も下がります。「仕事がはかどらない」「仕事が手につかない」と思ったら、少しの距離でもいいので、「歩く」といいでしょう。「歩く」とセロトニン活性化効果と場所ニューロン活性化効果が得られて、気分転換になります。

たとえば、トイレまで歩く、自販機まで歩き飲み物を買ってくる、コピー機のところまで行ってコピーする。ほんの短い距離でもずっと机に向かっているマンネリ化した疲れた脳に対しては、フレッシュな刺激になります。

また、**移動していなくても、普段とは違う場所にいるだけで、見えている風景が違うだけで、場所ニューロンは活性化します**。私の場合は、午後からはカフェで執筆することがあるのですが、3時間もすると飽きてきて、集中力が下がってきます。

そういうときは、少し歩いて別のカフェに行きます。そうすると気分も一新し、新鮮な気持ちになって、また集中力が高まり、先ほどよりもはるかに仕事がはかどるようになります。場所が変わったせいで、場所ニューロンが活性化したのです。

「カフェ移動仕事術」は、普通のサラリーマンには難しいと思います。しかし、「缶詰仕事術」で紹介したサラリーマンの方のように、会社の会議室を借りて、人的雑念を遮断して缶詰状態になりながら、「場所替え」で気分転換するという方法もあるでしょう。

以前、アメリカのダラスにある「サウスウエスト航空」の本社を訪れたとき、驚いたことがありました。それは、会議室が数十室並んでいるのですが、すべての部屋の内装や装飾が異なっていたのです。アメリカでは多くの会社でそうしているそうですが、**「内装が異なる」＝「いつもと違う場所に来た」ということで、場所ニューロンが活性化するのです**。脳が活性化するので、いろいろなアイデアが生まれやすくなり、会議が活発でクリエイティブになるというわけです。

目の前の風景がいつもと違うだけで、場所ニューロンが活性化する。疲れたときは、「場所替え」するだけで、簡単にリフレッシュできるということは、覚えておいて損はないでしょう。

午後のリセット3　ガラッとリセット術

デスクワークをずっと続けていると、集中力も低下し、肩がこったり、目がショボショボしたり、疲れがたまってきたりします。

「同じ仕事」を長時間続けることが、最も集中力を低下させる原因となります。

そこで、ガラッと仕事の内容を変えてみましょう。

一番わかりやすいのは、「会議」や「打ち合わせ」です。

1時間デスクワークをして、30分の会議を挟み、また1時間のデスクワークをする。そうすると、「30分の会議」が気分転換になり、ちょうどよい休憩になるわけです。

同じ30分の会議も、午前中に行えば「時間泥棒」になりますが、午後に行えば「気分転換」になるのです。

会議や打ち合わせ以外にも、電話対応、資料作成、発送業務、コピー、アイデア出し（クリエイティブな作業）、部下への指示・確認（コミュニケーション）、メール返信なども、「ガラッとリセット術」として使えます。

逆を言えば、これらの仕事は、高い集中力を必要としない非集中仕事です。そうした仕事は、緊急性がないかぎり、午前中にやるのはもったいないのです。気分転換の「ガラッとリセット術」用に、午後にとっておいたほうがいいのです。

午後のリセット4
休憩リセット術

午後の仕事は、疲れやすく集中力も途切れやすいものです。それを防ぐためには、疲れる前に休むということです。

限界まで頑張って5分休憩するのではなく、機械的に45分仕事して5分休むというインターバルのイメージです。午前中以上に、午後は集中力の波を意識すべきです。

マラソン選手は喉がかわく前に給水します。それは喉のかわきを自覚した状態というのはすでに脱水傾向になりはじめているサインだから、そこで水分補給しても遅いということなのです。

脳の休憩もそれと同じで、脳がヘロヘロな状態まで頑張ってしまうと、5分休んでも十分に回復できません。疲れすぎない前に休むというのが休憩のコツです。

もっともよくない休憩とは？

あなたは休憩時間に、主に何をしていますか。ほとんどの人は、スマホをいじっているのではないでしょうか。

休憩時間に入るやいなや、早撃ちガンマンのように、ポケットからスマホを取り出して、メッセージのチェックや、ゲームをはじめるという人が多いです。

非常に残念なことではありますが、脳科学的にみて、スマホというのは最もよくない休憩時間の使い方です。なぜならばスマホは、逆に脳を疲れさせるからです。つまり、休憩になっていません。

人間の脳は、視覚情報の処理に脳のキャパシティの90％を使っていると言われます。パソコンに向かって仕事をするデスクワークの人は、仕事による視覚情報の処理で脳が疲れています。「見る」「読む」という作業で脳が疲れているわけですから、休憩時間くらいは「見る」「読む」ことから脳を解放するべきです。

さらに脳は、光るものを見ると興奮する特性を持っています。ゲームでボールが消えるときの点滅、あるいは爆発シーンのような、光の点滅や閃光で脳は興奮します。

ですから、**スマホでゲームをすると、脳は興奮します**。つまり、スマホゲームは脳の休息やリラックスにはならず逆効果なのです。

「神・時間術」の立場で言えば、脳を休ませて集中力を回復しなければ、それは休憩しているとは言えません。休憩に入る前よりも、休憩が終わった後のほうが、脳が疲れて集中力が下がっているとしたら、それは10分の休憩で、その後の集中時間を大きく奪うことになるのです。

脳を休める究極の休憩

それでは、どのような休憩が、脳を休めるのでしょうか。

言い方を変えると、あなたは何をすれば癒やされるでしょうか。できるだけたくさん挙げてみてください。

アロマ、音楽、おいしい食事、入浴、サウナ、マッサージ、川のせせらぎ、日向ぼっこ、ペットと遊ぶ……。いろいろあると思いますが、これらに共通する特徴は、五感の中で「視覚」以外を活性化しているということです。

音楽、川のせせらぎは「**聴覚**」。おいしい食事は「**味覚**」。アロマは「**嗅覚**」。マッサージャペットと遊ぶのは「**触覚**」。入浴、サウナ、日向ぼっこは「**温痛覚**」。いずれも、「視覚」を使わずに、「視覚」以外の感覚を刺激していることがわかります。これが「癒やし」の特徴です。

「視覚」を使わずに、「視覚」以外の刺激を与えることが、「癒やし」につながる。つまり、脳を休めることになるのです。

そうはいっても、これらの癒やしは、「音楽」くらいしか仕事中に実践するのは難しそうです。

しかし、仕事中でもできる、脳を休める最も効果的な休憩があります。それが、「目をつぶる」ということです。**目をつぶるだけで視覚情報が遮断され、脳は休息モードに入ります。**

脳波を調べるとわかりますが、目を開けているときは、「ベータ波」という周波数の高い波がほとんどですが、目を閉じた瞬間に、「アルファ波」というリラクゼーションの波が出はじめるのです。

冷たいタオルを目にあてて、目を休ませるのもいいでしょう。あるいは、机に顔を伏せるのも効果的です。

目を閉じて何も考えずボーッとする。これが、脳科学的に最も簡単で効果的な休息と言えるのです。

その他にも、先に挙げたように、雑談などのコミュニケーション、身体を動かす、体操、少し歩くくらいの運動なども効果的な休憩となるので、それらを組み合わせながら、疲れすぎる前に定期的に休憩時間をとるように意識してください。

一流企業が取り入れるマインドフルネス

さらに目をつぶるよりも、もっと効果的に脳を休める休息方法があります。

それが、**「瞑想」や「マインドフルネス」（瞑想の一型）です**。

アメリカでは、Googleやナイキなどの超一流企業が、効果的な休息・リフレッシュ法として、積極的に瞑想を取り入れていることで注目が高まっています。

最近では、瞑想の効果について科学的研究が盛んに進んでいます。瞑想の効果として、集中力を高める、創造力を高める、記憶力が向上する、ストレスを軽減する、不安が減少する、共感・思いやりの気持ちが強まる、などが報告されています。

休憩時間に瞑想をすることで、その後の仕事時間で集中力が高まるわけですから、「集中仕事術」的にも、瞑想は最高のリフレッシュ法といえるでしょう。

瞑想やマインドフルネスの具体的な実践方法は、いろいろなやり方があります。それを一言で説明するのは難しく、それだけで1冊の本が必要になるほどです。詳しい実践方法を知りたい人は、瞑想については、『最高の休息法』（久賀谷亮著、ダイヤモンド社）、マインドフルネスについては、『マインドフルネスの教科書』（藤井英雄著、Clover出版）をおすすめしますので、そちらを参考にしてください。

午後のリセット5　5分仮眠術

午後に仕事をしていて、猛烈な眠気に襲われることはないでしょうか。そんなとき、コーヒーを飲んだりガムを噛んだりして、根性を振り絞って必死に仕事をしようとする人も多いでしょう。そういうときは無理せず、「5分」でいいので仮眠をとりましょう。

不思議なことに、たった5分間の仮眠でも、眠気がほとんどとれてスッキリとすることに気づくはずです。

人間の覚醒度は90分の周期があります。「ウルトラディアンリズム」については、76ページで説明しました。**「猛烈な眠気」が出るのは、「ウルトラディアンリズム」の山と山の間の谷にあたる部分、つまり覚醒度が最も低下しているときなのです。**この状態は、注意力、集中力、仕事力が最も低下する時間帯ですから、どんなに無理して仕事をしてもまったくはかどりません。

車を運転している最中に、猛烈な眠気に襲われるときも同じです。これも、「ウルトラディアンリズム」の覚醒度の底辺にいるので強烈な眠気が出るのです。こうしたときは集中力が低下しているので、事故を起こす可能性が高いのです。すぐに車を停めて5分でいいので仮眠してください。

眠気が最も強い、すなわち覚醒度が一番下である底辺にいるということは、しばらくすると覚醒度は上がっていくことを意味します。ですから、たった5分の仮眠で頭はスッキリして、眠気はなくなります。

5分間の仮眠をとることで、覚醒度アップの波に乗る。次の90分を高い集中力で乗り切ることができるのです。

最高の昼 その4 午後の仕事術

午後の仕事術1 退社時間を決める

午後4時をすぎると、再び集中力は高まってきます。脳が締め切りを意識し、ラストスパートをかけるからです。午後の遅い時間帯の仕事効率をアップさせるために、ぜひやっていただきたい、「午後の仕事術」を2つ、お伝えしましょう。

アメリカ人は、家族で一緒に食事をするために「5時に帰る」という話を序章でしました。ここに、アメリカ人の生産性の高さの秘密が隠されています。

5時までに仕事を終わらせる、というのが絶対条件です。それを達成するために、彼らは午前中も午後も、集中力を高めて必死に全力で仕事をします。圧倒的に仕事の密度が濃いのです。つまり、アメリカ人は、毎日「制限時間」を設けているのです。

日本人は、「仕事が終わらなければ、残業すればいいや」と最初から思っているから、いつまで経っても集中力が高まらず、効率も上がらず、無意識にだらだらと仕事をしてしまいます。

日本でも最近、「残業ゼロ」を導入し、定時に退社させる会社が増えています。「残業ゼロ」を導入した会社は、社員のトータルの労働時間は大幅に減っているのに、企業業績は好転する例が少なくないそうです。つまり、「残業ゼロ」「定時退社」によって、大幅な効率化が実現し、それが多くの会社の実例として報告されているのです。

あなたの会社が、「残業ゼロ」「定時退社」を推進していなくても、個人として「退社時間を決める」だけで、集中力は高まり、実際に早く仕事を終わらせて、早く帰ることができるでしょう。

「5時に帰る」は無理にしても、「6時に帰る」「7時に帰る」と、**自分なりに帰る時間を決めて、その時間には仕事を終わらせて必ず帰宅するという習慣を作りましょう。**それだけであなたの仕事は、圧倒的に効率的になるのです。

午後の仕事術2

戦略的ケツカッチン仕事術

「ケツカッチン仕事術」について、第1章で説明しました。

「ケツカッチン仕事術」は毎日の仕事にも応用することができます。

たとえば、毎日夜の9時、10時まで仕事をしている人がいるとします。その人が、たまたま今日は7時から合コンの予定があるとします。6時半までに必死に仕事を終わらせて、合コンがはじまる時間に、必ず間に合わせますよね。そして実際に、間に合うのです。

夜に何の予定もないと、「まあ、仕事が終わらなければ残業すればいいか」と思ってだらだら働いてしまいます。実際に何時間も残業するはめに陥るのです。

夜に、絶対に動かせない用事を入れてしまえば、その時間までに仕事を終わらせて、退社しないといけません。

「ケツカッチン仕事術」を日々の仕事に組み込むことで、日々の仕事効率をアップさせることができます。

私の場合、ウェブで映画のチケットを購入することがよくあります。午後7時の回の映画チケットをオンラインで購入します。そうすると、何がなんでも6時半には仕事を終わらせて、映画館に向かわなければいけません。オンラインの映画チケットはキャンセルできないので、もし仕事が終わらなければ、チケット代金がすべて無駄になってしまいます。

ですから、必死に仕事を終わらせようと、自然に力が入ります。

「7時までに仕事を終わらせる」と自分で心の中で決めても、なかなか守れないものです。

しかし、7時から変更不能な予定を入れてしまえば、それまでに絶対に終わらさなければいけなくなります。戦略的にケツカッチンの状態をつくり出す。戦略的ケツカッチン仕事術は、仕事を効率化する究極の「午後の仕事術」と言えるでしょう。

第4章

夜の時間を最大に生かす運動&睡眠リセット術

「脳のゴールデンタイム」について説明をしましたが、実は第二の「脳のゴールデンタイム」を作ることができます。そのキーワードが、「運動」です。

また、「寝る前2時間」の過ごし方で、翌朝100%の集中力が出せるかどうかが決まります。

本章では、そんな「夜のリセット術」について説明します。

最高の夜 その1

運動リセット術

「1日を2倍」にする方法

1日を2倍活用できる究極の時間術があります。当然、この本を読んでいるあなたはそれを知りたいでしょう。

1日は全員に平等に24時間しかありません。それにもかかわらず、「1日を2倍活用する」というのは、常識的にみて不可能です。しかし、裏技があるのです。そしてその効果は圧倒的です。

起床してから2~3時間を脳のゴールデンタイムといいました。脳がイキイキとして、非常に集中力が高く、質が高い仕事ができる極上の時間です。「本を執筆する」といった、私の仕事にように、極めて集中力を要する仕事は、この脳のゴールデンタイムにしかできません。

仮に、1日の途中で、脳を朝起きたときと同じ状態にリセットできるとするならば、「脳のゴールデンタイム」を2回活用することができます。つまり、「脳のゴールデンタイム」にコアな仕事をしている人間にとっては、「1日を2倍活用する」のと同じ意味を持ちます。

1日を2倍活用する方法、それは脳の究極のリセット法です。その方法とは、「運動をする」ということです。

午後の疲れてきた時間に有酸素運動を1時間もすると、脳がものすごくさわやかな状態になります。自分の実感で言うと、「朝起きたときと同じ状態」の集中力にまで回復したように感じます。

運動後は第二の脳のゴールデンタイム

私の場合、執筆している時間は朝起きてから午後までずっとです。最初の2~3時間は調子よく筆も進みますが、午後を過ぎると明らかに能率が低下してきます。カフェでランチをとって、再び執筆をするのですが、午後になると、本にできるクオリティの文章は書けないので、メルマガやFacebookの記事など、ライトな文章を書きます。さらに、午後3時を過ぎてくると、集中力も下がり、仕事の効率も大きく低下します。

この夕方の時間帯に、ジムに行くのです。

そして、エアロビクスなどの有酸素運動を1時間ほど行い、汗を流します。すると、嘘みたいに頭がスッキリとし、冴えわたります。朝起きたときとほぼ同じ状態になっているのです。

運動が終わってシャワーを浴びたら、一目散にカフェに駆け込みます。そこで、改めて執筆をスタートします。

そうすると、**朝とまったく同じ状態で文章が書けるのです**。

朝の2時間で、原稿用紙が10枚書けるとするならば、運動後の2時間でも、ほぼ同じ10枚が、ほぼ同じクオリティで書くことができます。これはまさに、1日が2倍になった感覚です。

第2章で、サラリーマンが脳のゴールデンタイムを活かすには、「朝カフェ仕事術」しかないと書きましたが、もう一つ、サラリーマンが集中力の高い自由時間を確保する方法、それが、「午後の運動リセット術」なのです。

運動による集中力リセットの効果

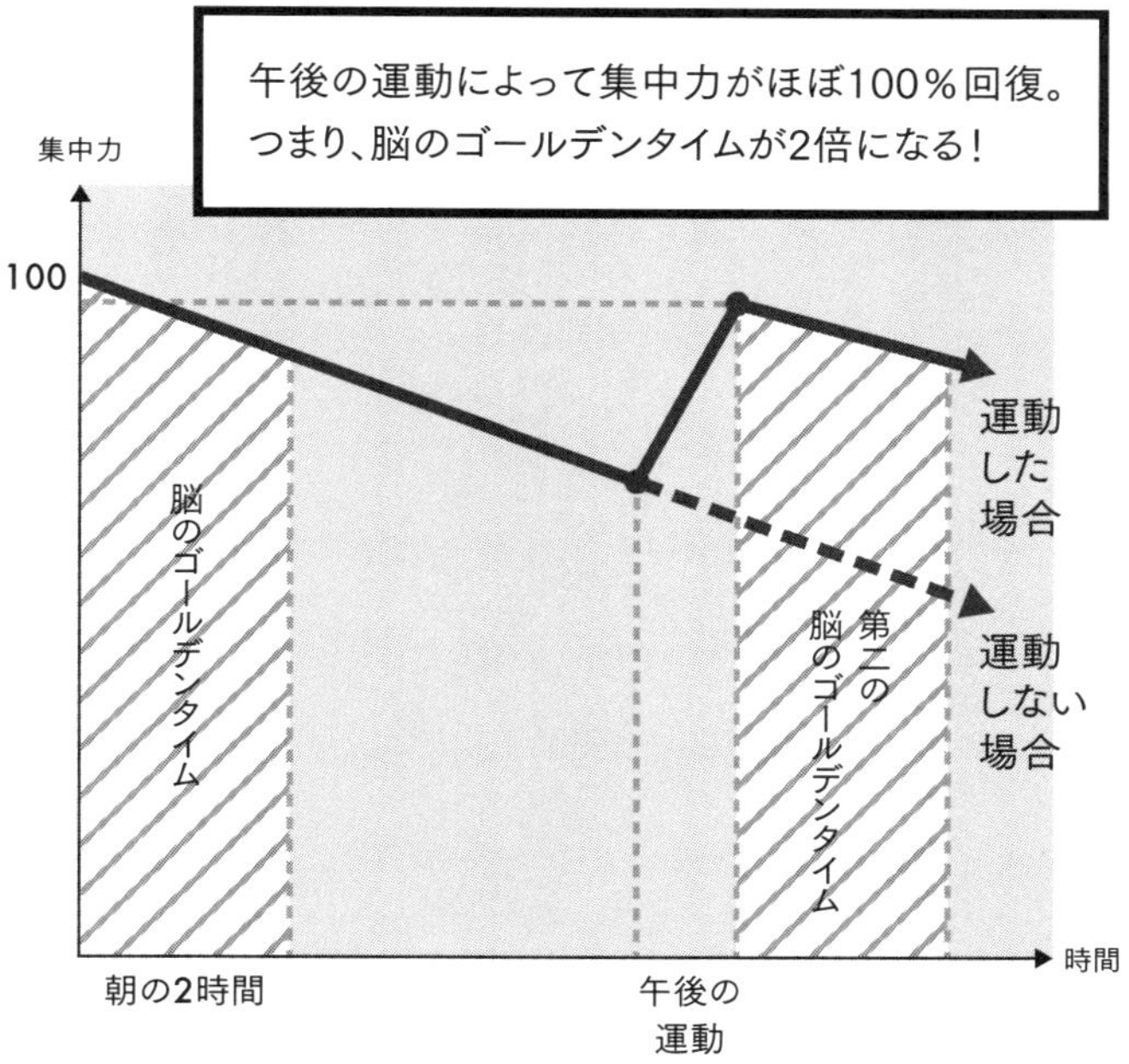

知的重労働には「運動」が必須である

「1時間の運動で脳はリセットされる？ そんなのは個人的な体験じゃないか」と批判する人もいるでしょう。しかし、私なんかよりもはるかに大きな結果を出している有名人がいます。

それが、ノーベル文学賞候補として毎年名前が挙がる世界的な作家である村上春樹です。彼も、毎日、「1時間の運動」を習慣にしているのです。

彼が小説をどのように書いているのか、その小説作法を明らかにしたのが、『職業としての小説家』という本です。

その本の中で、彼の運動習慣について1章が費やされて書かれています。彼は、毎日1時間、20年以上、必ずランニングをしているそうです。それも、台風の日も大雨の日も例外なく、毎日続けているというのです。そして、運動をしないと調子が上がらないし、執筆もできないということが書かれています。

彼にとって、執筆のために、運動が不可欠であるということがわかります。

20年間、毎日走り続けるのはすごいことですが、なぜ彼がそこまで運動にこだわるのか、それはおそらく運動しないと文章が書けないからでしょう。
彼が人を感動させる素晴らしい作品を書けるのは、「運動」しているからなのです。なので、仕事のクオリティを上げたければ運動すべきですし、集中力をリセットしたければ、運動すべきなのです。

運動のやりすぎは集中力を下げる

運動をすると、集中力がリセットする。この話をすると、「運動をしても、集中力がリセットしません。むしろ疲れて、仕事のパフォーマンスが下がります」と言い出す人が必ずいます。

それは、**「運動のやりすぎ」が原因です。**

私の場合、脳を活性化させる最適な運動量というのは、60~90分くらいです。時々、2時間以上のトレーニングをすることもあるのですが、その場合は、身体がぐたっとしてしまい、運動後、まったく執筆がはかどらない状態になります。

さらに、運動をしすぎると、猛烈な食欲に襲われます。適切な運動量の場合は、逆にお腹がほとんど減りません。サラダなどの軽いものを少し食べるくらいで夕食をすませることもあります。
しかし、2時間以上もの運動をした後は、ラーメンや肉といった食事を猛烈に食べたい衝動に駆られます。あるいは、激しい運動の後は、脳が冴えわたるどころか、強い眠気に襲われることもあります。それは、激しい運動の後には低血糖になるからです。

適切な運動量は、脳と身体をチューニングします。しかし、過剰な運動の後は、「身体の回復」が最優先されるために、脳に十分なエネルギーを振り向ける余裕がなくなります。ですから、集中力が下がり、食欲が出すぎ、眠気に襲われるといった「疲労」の徴候が表れるのです。

「集中力リセットのための運動」という意味では、激しい運動を長時間すればいいのではなく、「適切な運動量」でやめておくということが重要です。

いくつかの運動のスタイルと運動負荷、運動時間を試してみて、自分にとって、脳と身体が絶好調になる、「ベストな運動スタイル」を探してみてください。

運動が脳にいい科学的な根拠

運動すると頭がスッキリして、集中力や意欲が回復することは、実感としては多くの人が経験しているでしょうが、脳科学的にはどうなのでしょうか。運動が脳に対して素晴らしい効果を発揮することは多くの研究によって証明されています。その効果をわかりやすく7つに分類してみました。

1．「海馬の神経を増やし、長期記憶を強化する」

ＢＤＮＦ（脳由来神経栄養因子）が分泌され、神経細胞の増殖を促進する。

2．「脳を育てる」

脳の容積が増える。シナプスのネットワークが増える。

3．「運動直後から学習機能がアップする」

35分間ランニングマシーンで走っただけで、その直後から認識の柔軟性（遂行機能）、学習能力が向上する。

4．「頭がよくなる」

「運動する人」と「運動しない人」を比べると、長期記憶、推論、注意、問題解決、流動性知能の課題について、「運動する人」のほうが成績が上だった。

5．「作業記憶がよくなる」

運動の前と後では、作業記憶（ワーキングメモリ）のテスト結果が50％以上改善した。

6．「ぐっすり眠れる」

週に150分の運動で睡眠の質は65%アップする。日中の眠気レベルも65%下がり、日中の疲労感や集中力が45%改善する。定期的な運動で睡眠が深まり、日中の集中力が大幅にアップする。

7.「やる気が高まる」

運動を開始するとすぐにモチベーション物質であるドーパミンが分泌される。ドーパミンには、記憶増強効果、学習強化効果もある。また、継続的な運動によって、ドーパミンニューロン同士のつながりが強まり、さらにやる気がアップする。

以上の結論をまとめると、**30分程度の有酸素運動によって、その直後から学習機能、記憶能力、モチベーションがアップします。継続的な運動習慣によって、シナプスのネットワークが増え、頭がよくなる、ということです。**

運動は最強のリフレッシュであるとともに、脳のパフォーマンスを高めるための最高の脳トレといえるのです。

集中力を高めてバリバリ仕事をこなしていくためには、継続的な運動習慣は不可欠です。

運動は最大の時間創出術

運動することで時間を創出できることがわかっていただけたと思います。さらにもう1つだけ重要な研究データを紹介しましょう。

台湾国立衛生研究所による41万人を8年間追跡した研究によると、1日15分の運動で死亡率が14%低下し、平均余命が1002日、つまり約3年延びるという結果が出ています。

ここで運動の平均余命に対する投資効率を、ザックリ試算してみましょう。

仮に、15分の運動を8年続けた結果、3年長生きする場合を考えてみましょう。15分の運動を8年で累計すると、30日分になります。それによって1002日も命が延びる。それは時間投資効率で33倍にもなります。つまり、**15分運動することで、8時間寿命が延びるというイメージです**。これはものすごい数字です。

大雑把な試算ではありますが、「運動によって寿命が延び、時間が創り出される」ということは間違いありません。

「時間がないから運動しない」という人がいますが、運動しないことによって、生涯で自由に使える時間を大きく失っているのです。

「時間がもったいない」人ほど、運動するべきです。

運動はいつするのがベストか？

私の場合は、運動後に「完全にリセットされた脳」を使って執筆作業を2~3時間くらいはとりたいので、夕方に運動するようにしています。

ダイエット関係の本を読むと、夕方4時ごろに体温が高まり、1日で代謝が最も上がる時間帯なので、この時間の運動が、ダイエット効果が高いと書かれています。その意味でも、「夕方の運動」は理想的なパターンだと思います。

しかし、会社勤めのサラリーマンには難しい話でしょう。

そうなると、運動するのは、「朝」か「終業後」になります。朝の運動もおすすめですが、忙しいサラリーマンには現実的に難しいと思います。そうなると、サラリーマンの運動時間としては、必然的に「終業後」しか残りません。

夜の運動で注意すべきなのは、寝る前3時間以内の運動は、睡眠に悪影響を及ぼすということです。夜11時すぎにスポーツジムの前を通ると、窓越しにランニングマシーンでさっそうと走っている人をみかけます。本人は、「健康的」と思っているのでしょうが、これは不健康な習慣なので、あまりおすすめできません。

運動をすると交感神経が優位になります。つまり、交感神経は昼の神経ですから、脳が覚醒した状態になります。そんな脳がギラギラした状態で布団に入ったとしても、ぐっすり眠れるはずがありません。

夜に運動するのなら、眠りに入る3時間前までに終了しておくことです。寝る3時間より前に体温を上げると、その後、入眠の頃には深部体温がちょうど低下し、スムーズに睡眠に入ることができます。睡眠も深くなり、疲れもとれやすいのです。運動後は、シャワーや入浴をするでしょうから、それによっても体温が上がり、一石二鳥です。

会社が終わってから運動する人は、「運動は、寝る3時間前までに終わらせること」を覚えておきましょう。睡眠も深まり、疲れもとれます。つまり、夜のリセット効果を最大化できます。

運動時間を確保する方法

「運動すると脳が活性化するので、運動したほうがいいですよ」とアドバイスをすると、多くの人が「運動する時間がありません」と言います。

あなたは、「健康」と「仕事」、どちらが大切でしょうか。ほとんどの人は、「健康」と答えるでしょう。では、週1回1時間でも、汗を流すような運動をしていますかと聞くと、「していない」と答えます。

それが、「健康」を犠牲にして、「仕事」をしている状態です。仕事を自分でコントロールできていない状態でもあるので、将来、必ず健康を害するでしょう。

私は、「健康」はとても大切なものだと知っているので、命がけで運動時間を確保しています。〝命がけ〟という表現は、まったく誇張がありません。運動しないと病気になりますし、命を失うのですから当然です。

まずは、**週1回を運動の日と決めてください**。最近では、「ノー残業デー」を導入する会社も増えていますから、その曜日がいいでしょう。「ノー残業デー」が水曜日だとしたら、「水曜日の午後7～9時に運動する」と決めましょう。後は、それを会社の人たちと、家族に宣言して、ひたすら実行するだけです。

その時間に仕事をするように言われたら断ってください。その時間に飲み会に誘われても断ってください。とにかくすべて断りましょう。

週に5日もジムに通えなかった頃、私は週に1日の運動を確保するので精一杯でした。そして一念発起して、カルチャーセンターのエアロビクスに通いはじめました。

毎週木曜日、2コマをとったので、7時から9時までの2時間でした。料金は3ヶ月分が前払いなので、休んでも返金されません。

そこで、私は「毎週木曜日はエアロビの日」と友人や仕事関係者に宣言しました。木曜の夜の飲み会の誘いはすべて断りました。仕事の依頼もすべて断りました。

その結果、どうなったのか。何も変わりません。仕事が減ることもないし、友人の態度も変わらない。むしろ、半年もすると、「樺沢さんは木曜日はダメなんだよね」ということで、木曜日は飲み会に誘われなくなりました。

唯一変わったことは、体調がすこぶるよくなったということです。

結果として、1年を通して海外か地方に行っていた日を除き、東京にいるすべての木曜日は、エアロビに通うことができたのです。

運動は、「やる」と決めて「やる」しかないのです。

運動するほど時間が生まれる

週1回の運動の日が確保できるようになると、週2回が確保できるようになります。週2回が確保できると、週3回が確保できるようになります。不思議ですが、「集中時間術」の理論を知っていれば当然のことです。

きちんと運動をすると、脳のパフォーマンスがアップするので、だらだらと仕事を続けるよりも、仕事効率は著しくアップします。それは、1時間の運動時間を差し引いても、プラスになります。

さらに、運動によって睡眠が深まる効果で疲労も回復するので、翌日また100％の状態からスタートできます。さらに、運動を続けることで、頭がよくなり、脳のニューロンネットワークが緻密でタイトなものに再構築されていきますから、頭の回転が速くなります。同じ仕事を短時間でこなすことができますし、仕事の量も質もアップします。

私の経験からの実感としては、**まったく運動しなかった頃と比べると、１ヶ月の仕事量で2倍以上はこなしながら、自由時間も大きく増えているのです。**

これが「神・時間術」の真骨頂です。

ですから、「時間がない」という人ほど、運動すべきなのです。運動することで、間違いなく時間が生まれてきます。

運動することで、「1日が2倍になる」と言っても、まったく過言ではないのです。

最高の夜 その2 宵越しのストレスは持たない

24時間で収支を合わせる

「樺沢さんは、土日は何をして過ごしますか？」とよく質問されます。

私には、土日という概念はありません。では休んだり、遊んだりしないのかというと、人の2倍以上休んで、人の2倍以上遊んでいます。

多くのサラリーマンは、月曜から金曜まで必死に働いて、土日で休んで回復するというう1週間単位で緩急のリズムをつけて動いていると思います。

私には、土日という概念はありません。午前中は必死に執筆。午後はゆっくり執筆して、夜は原則、仕事をしません。

映画を観て、おいしいものを食べ、家族・友人と交流してリラックスタイムに充てます。

つまり、24時間の中で緩急のリズムをつけます。24時間単位で動いています。

私はこれを、**「宵越しのストレスは持たない生き方」**として推奨しています。

昼間、仕事で嫌なことがあったり、たいへんなことがあったりすることはあります。それは決して、翌日に持ち越しません。その日のうちに処理してしまい、翌日の朝には、精神的にも体力的にも完全回復し、100%のパフォーマンスでまた仕事ができる状態に持っていきます。

5日働いて、2日休むリズムの人は、1日の中で100%回復ができない人が多いのです。週末に近づき、木曜、金曜になると、朝起きても身体が怠いとか、「お疲れ様」モードに入ってしまいます。

これは神・時間術で考えると、月曜の状態を100とすれば、木曜、金曜は60~70くらいになっていると言えるでしょう。

これは、大幅な時間のロスです。

その日のストレスや疲れは、その日のうちに解消しましょう。24時間で収支を合わせる、それが最も効率のよい働き方といえます。

疲れを持ち越さない生活

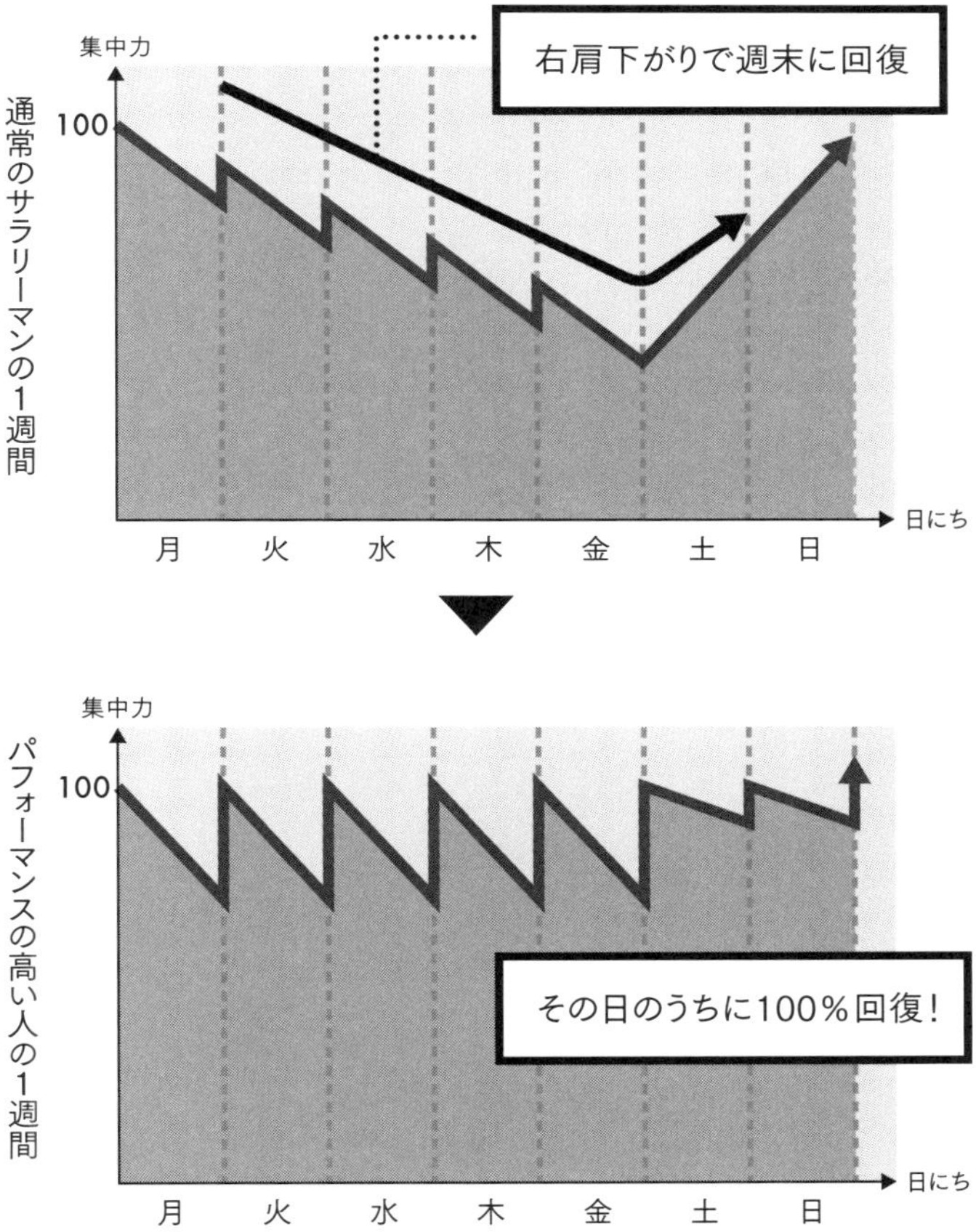

交流は最大の癒やし

夜のリセット術としておすすめの時間の使い方は、「交流」です。
家族で食事をする。子どもと遊ぶ。友人、恋人と飲みに行く。気の合う仲間と盛り上がる。家で猫とたわむれる。

こうした交流の時間が、1日の疲れを忘れさせてくれますが、それは精神的にではなく、脳科学的にも「交流」が癒やしになることが確かめられています。

人と交流することによって、脳下垂体からオキシトシンが分泌されます。オキシトシンは、「愛の物質」と言われています。**オキシトシンが分泌されると、「愛し、愛されている感覚」を実感します。**

さらに、オキシトシンには、細胞修復作用、免疫力亢進作用などがあります。つまり、実際に身体の細胞や臓器を修復し、回復させる、真の「癒やしの効果」を持つ物質なのです。

オキシトシンは精神的な交流でも分泌されますが、スキンシップによって分泌が高まります。一番は性交やキスによって出ます。また、ハグだけでもかなりのオキシトシンが出ます。手をつないだだけでもオキシトシンが出ます。

子どもを抱っこしたり、手をつないで歩くのもいいでしょう。

さらに、人間同士ではなく、犬や猫とたわむれているときにも、オキシトシンは分泌されます。「猫とたわむれている瞬間が一番癒やされる」という人がいますが、それはオキシトシンが分泌されているから、心も身体も本当に癒やされているのです。

こうした、**弛緩した「交流」の時間こそが、真の癒やしに通じます**。リラックスから深い睡眠に入り、翌日また100%のパフォーマンスでバリバリと仕事するための基礎となるのです。

緩急のリズムを作る

日中はバリバリと働き、夜は家でリラックスする。とにかくこれが、もっとも健康的な働き方です。

つまり、1日の中で、緩急をつけるということです。

夜も残業で終電間際に帰宅し、風呂と食事をしたら、すぐに布団に直行する……。これが最も健康に悪い生活習慣です。休む暇がない、息をつく隙がないのです。

「弓」をイメージしてみてください。弦《つる》を引いて手から離す。弦を緊張させて、弛緩させる。弦を引いてばかりで、ゆるめなければ、すぐに弦はプッツリ切れてしまうでしょう。私たちの身体の中では、昼の「交感神経」（急）と夜の「副交感神経」（緩）が、緩急のリズムを作っています。つまり、夜のリラックス時間である「緩」の時間を持たないと、夜間の回復ができません。そして次の日に、100%のパフォーマンスを発揮できないということです。

夜に3時間の残業をするとします。そのせいで、次の日の朝、集中力が80%からのスタートになってしまうと、集中時間に換算すると、「3時間の残業時間」は吹き飛んでしまいます。

つまり、**あなたが「仕事をする」のと同じくらいに、夜に「休む」「リラックスする」ということが重要なのです。**

とにかく仕事人間で、毎日残業して働けば、会社や上司からも評価され、昇進や昇給のチャンスをつかめると信じて会社に命をささげるように、毎日仕事ばかりしている人もいます。

残念ながら、「仕事人間」の行く先は、「昇進や昇給」ではなく、「精神科」です。そんな働き方をしていれば、いつかはメンタル疾患になって、精神科に通うことになります。

実際、そうなっている人を精神科医の私は山ほど見てきています。メンタル疾患の患者さんは、遊んだり、リラックスしたり、手を抜いたり、ほどほどにするのが、とても苦手です。

「夜は遊ぼう！」「夜はのんびりしよう！」「夜はリラックスの時間にしよう！」

実はこれが、「究極の仕事術」と言えるのです。仕事ばかりしている人は、必ず燃え尽きます。

会社を出たら、仕事のことは考えない

「緩急をつける」とは言い換えると、「仕事をするときはバリバリやって、休むときは仕事のことを一切考えない」ということです。

飲み会の最中に、30分おきに仕事のメールをチェックしているようでは、ずっと仕事をしているのと同じことです。そういう人は、海外旅行に行っても、仕事のメールをチェックしてしまい、仕事が頭から離れないでしょう。

遊んでいても、お酒を飲んでいても、旅行していても、頭で「仕事」のことを考えていては、真の意味でリラックスできていません。「仕事モード」「緊張モード」から解放され

ていないのです。心も身体も張り詰めた「急」の状態にいるわけです。

そんな状態では、結局、遊びや休憩、休日になっても「リセット」されません。慢性的な仕事ストレスに蝕《むしば》まれていくのです。

仕事を家に持ち帰る、というのもやめたほうがいいです。最初は、「今日だけ」「今回だけ」と思っていても、必ずそれが増えていってキリがなくなります。

また、「家でやればいい」という気持ちがどこかにあると、日中の仕事にも緊迫感がなくなり、結局はだらだらと働いてしまうのです。

最高の夜 その3
睡眠にいい生活習慣

「寝る前2時間」で人生は決まる

朝起きて最初に何をするか。これは1日のスタートダッシュをする上でとても重要であることは、すでにお話ししました。そして、1日の最後である「寝る前」に何をするのか、これもまた大切で、寝る前の生活習慣によって人生が決まると言っても過言ではないでしょう。

朝起きるときの生活習慣で「1日」が決まる。寝る前の生活習慣で「人生」が決まるのです。

集中力をリセットする方法をいろいろとお伝えしていますが、集中力リセット術で最も重要なのは、「睡眠」です。ぐっすり眠ることによって、翌朝に100%の状態に集中力を回復することができます。

しかし、十分な時間寝られなかったり、眠りが浅くて夜中に何度も目が覚めてしまう状態であれば、朝起きても頭がボーッとします。集中力は70~80%くらいまでしか回復していないとするならば、その日の仕事は、最初から集中力が20~30%減の状態からスタートするわけです。**朝起きた瞬間にその日のコンディションが決まってしまうのです。**これはとてももったいないことです。

ですから、睡眠を削って仕事をしたり、徹夜で仕事をしたりするというのは、集中仕事術では、「愚の骨頂」と言えます。

ということで、睡眠不足は集中力の最大の敵であり、「睡眠」は集中力を高めて働くために絶対に必要な条件なのです。

「寝る前2時間」にすべきこと、してはいけないこと

それでは、どうすればぐっすりと深い眠りが手に入れられるのでしょうか。それは、「寝る前の2時間」の生活習慣によって決まります。

寝る前の2時間にやってはいけないことは、「食事」「飲酒」「激しい運動」「熱い風呂」「視覚系娯楽（ゲーム、映画）」「光るものを見る（スマホ、パソコン、テレビ）」「明るい場所で過ごす（特に蛍光灯はNGで、会社やコンビニなど）」です。

逆に、寝る前の2時間にやったほうがいいことは、「ゆったりとした時間」「リラックスした時間」を持つことです。音楽やアロマなど非視覚系娯楽でのんびりする、家族とのコミュニケーションをとる、ペットとたわむれる、身体をリラックスさせる軽い運動、熱すぎない入浴、読書などです。

多くの日本人は、こんなゆったりした時間を持てないかもしれません。しかし、寝る前にリラックスして緩急をつけることで、睡眠による100%の回復が実現するわけです。

人間には、「交感神経」と「副交感神経」というのがあります。昼は、「交感神経」優位で一生懸命に働き、夜になると、「副交感神経」に切り替えて、ゆったりとリラックスして心と身体を回復するのです。これこそが、仕事は頑張りながらも、健康も維持できる理想的な生活スタイルです。

「交感神経」から「副交感神経」へ切り替えるためには、クールダウンの時間が必要です。寝る前の2時間にうまくのんびりと過ごせれば、自然に「交感神経」から「副交感神経」に切り替わります。

眠気が出ない、目がパッチリしている、頭が冴えている、心臓がドキドキする、こうした状態では、まだ「交感神経」のままです。無理に眠りに入ったとしても、身体も脳も休まりません。細胞や臓器の修復など免疫機能の活性化やがん細胞の除去は、寝ている間の「副交感神経」優位の状態で行われます。「交感神経」優位のままでは自然治癒力が発揮できません。それが積み重なると病気になってしまいます。

「仕事をばりばり頑張る」ためには、寝る前の2時間の「リラックス」が、必須です。「遅くまで残業をする」ことで、１００％までの回復が困難となります。つまり、「遅くまで残業をする」ことは、「仕事を頑張っている」のではなく、「仕事を怠けている」のと同じなのです。

寝る前2時間のリラックス時間は、すべてに優先して確保するようにしましょう。

ただ、これをさらに説明すると1冊の本になってしまうので、もっと詳しく知りたい人は、拙著『精神科医が教えるぐっすり眠れる12の法則 日本で一番わかりやすい睡眠マニュアル』（Kindle電子書籍）を読んでみてください。「夜、ぐっすり眠れない」「睡眠不足である」「もっと長く、深く眠りたい」という睡眠の問題を抱えている人や睡眠薬を服用している人におすすめです。

寝る前の食事は、睡眠をダメにする

夜10時まで仕事をして、家に帰ってシャワーを浴びて、遅い夕食を食べて1時頃に寝る。そんな生活習慣を送っている人が多いと思います。

しかし、寝る前、2時間以内の食事は、絶対にとるべきではありません。

他にもやってはいけない生活習慣をいくつか述べたのですが、一番やりがちで、見落とされてしまうのが、「寝る前の食事」なのです。

寝る前に食事をすると、成長ホルモンが分泌されません。成長ホルモンには、血糖を上げる作用があります。つまり、空腹のときには出やすく、満腹で血糖が高い状態では、ほとんど分泌されません。

成長ホルモンは、通常、入眠してから最初のレム睡眠で最も分泌されます。それは、入眠してから、2時間以内の時間帯です。しかし、寝る前に食事をしてしまうと、まだその時間は血糖が高い状態ですから、成長ホルモンが分泌されないのです。

成長ホルモンをわかりやすく言うと、「疲労回復ホルモン」です。つまり、成長ホルモンが分泌されないと、十分な疲労回復ができません。そして、翌日に疲れが残ってしまうのです。

睡眠をする意味は、脳と身体を休めて、疲労回復させることです。成長ホルモンが出ないことによって、疲労回復効果が著しく減じられてしまうのでは、睡眠の意味がありません。

7~8時間は寝ているのに疲れがとれないという人には、「寝る前に食事をしている」というケースが多いので注意してください。

残業で帰りが遅くなる場合は、先に夕食を食べてから仕事をしてください。そもそも、空腹を我慢しながら残業をすることも仕事効率を下げています。

最高の夜 その4
寝る前15分活用術

寝る前15分は「記憶のゴールデンタイム」

朝起きてからの2時間は、「脳のゴールデンタイム」と言われますが、脳にはもう一つの「ゴールデンタイム」があります。それが、寝る前15分です。

寝る前15分は、「記憶のゴールデンタイム」と言われます。

寝る前15分に記憶したことは、1日の中で最も記憶に残りやすいのです。つまり、試験勉強や語学の勉強など、暗記系の勉強をしている人にとっては、「寝る前15分」は、「日中の1時間」に匹敵するのです。

なぜならば、「寝る前15分」に記憶して、そのまま布団に直行して眠ると、「記憶の衝突」が起こらないからです。何かを暗記してから、その後に余計な情報を入れると、「記憶の衝突」が起こり、脳が混乱し、睡眠中の情報の整理、記憶の定着に支障をきたします。

しかし、寝る前15分に暗記したことは、他の情報と衝突しないために、すんなりとそのまま記憶として定着するというわけです。

実際にやってみればその絶大な効果を実感します。

昨年、私は、「ウイスキーエキスパート試験」を受験したのですが、それに合格するには合計で500ページほどのテキストを暗記しなければいけません。

その問題の中で、50種類以上の蒸溜所の会社名を暗記するというのがあります。これは、かなり骨の折れる作業で、なかなか覚えることができません。そういった丸暗記が必要な事柄も、寝る前15分に集中して暗記すると、翌朝、目が覚めた瞬間、その項目が布団の中にいながら、ありありと蘇ってくるのです。前日の寝る前の暗記項目が、完全に定着していることを実感させられます。

寝る前15分は、「記憶のゴールデンタイム」と書きましたが、記憶してから眠るまでの間に余計な情報をインプットしなければ、「記憶の衝突」が起きないので、もう少し記憶のゴールデンタイムを延長することができます。研究者によっては「**寝る前1〜2時間は記憶のゴールデンタイムだ**」という人もいます。

寝る前15分は、余計な情報を入れるな

「記憶のゴールデンタイム」について理解できると、1日を締めくくるときの最悪の習慣もわかると思います。

朝の習慣について述べたときに、情報番組が脳内をごちゃ混ぜにして、「脳のゴールデンタイム」を破壊するといいましたが、寝る直前のテレビも同じです。頭の中をごちゃごちゃにして、「記憶の衝突」を最大化します。

特に受験生が、深夜まで必死に勉強して、「今日は、一生懸命勉強したので、寝る前30分だけテレビを見よう」というのは、実は最もやってはいけないことです。勉強したら、そのまま布団に直行して眠るべきなのです。

また、あなたは、寝る前に何を考えて寝るでしょうか。

多くの人は、寝る前に「今日あった苦しかったこと」「つらかったこと」「失敗したこと」「心が傷ついたこと」などを思い出すはずです。

会社で大きな失敗をしてしまい、それを寝る前まで引きずって、「こうすればよかっ

た」「ああすればよかった」と、後悔の気持ちで眠りに入ります。

寝る前15分は、「記憶のゴールデンタイム」です。つまり、「失敗体験」を振り返りながら眠ると、それが強烈に記憶されるということを意味するのです。

次の日になっても、嫌な気持ちのまま出社し、またそれを思い出し、失敗体験からいつまでたっても抜け出せないのです。

これを続けると、頭の中が失敗体験や不安体験で埋め尽くされてしまいます。当然ながら、「自分は最低の人間だ」「何をやってもダメだ」という気持ちになってくるでしょう。いわゆる自尊感情が下がってしまい、自分に自信が持てない人間になってしまいます。

「人間は寝る前に考えた人間になる」という言葉がありますが、これは心理学的に正しいのです。 寝る前の人間は、「特別無条件同化暗示感受習性」という状態にあります。寝る前に考えたことが、私たちの潜在意識の中に、そのまますっと入ってきやすい状態ということです。普段は閉じている潜在意識の扉が、寝る前の時間帯は開くのです。

寝る前に、今日あった「つらい出来事」を思い出すのはやめたほうがいいです。

今日あった「楽しい出来事」をＳＮＳに投稿する

ただ、「寝る前に嫌なことを思い出さないようにしよう」と思えば思うほど、嫌な体験は思い出されます。では、どうすればいいのでしょうか。

寝る前に、「今日あった楽しかった出来事を1つ思い出す」ようにしましょう。

人は同時に2つのことは考えられないので、「今日あった楽しかった出来事」に集中すれば、「今日あったつらい出来事」は思い出さないですみます。

ただ「思い出す」だけだと弱いので、書き出したほうがいいでしょう。「今日あった楽しい出来事」を手帳や日記に書く、あるいは、FacebookなどのSNSに投稿するのもいいでしょう。

私は、SNSにリアルタイムには投稿しない派なので、その日の終わりに、今日の楽しかった出来事を写真付きで投稿しています。こうすることで、寝る前15分にインプットされ、強烈に記憶に残ります。

これを続けると、頭の中が「楽しい記憶」で埋め尽くされます。つまり、思い出すことは「楽しいこと」ばかりになるのです。そして、自分の人生が猛烈に「楽しい人生」になっていきます。

最高の週末その1
寝だめ禁止令

ここまで、月曜から金曜まで、「平日の時間」の使い方についてひと通りお伝えしました。それでは、休日はどのように過ごせばいいのでしょうか。実は、あなたが「休息になる」と思っている休日の過ごし方は、むしろ逆効果になっている可能性があるのです。ここでは、正しい休日の過ごし方、つまり最強の「休日の過ごし方」についてお伝えしていきます。

月曜日の朝が憂鬱な理由

毎日仕事が忙しい人は、週末になると疲労の蓄積がピークに達します。**「週末くらい、誰にも邪魔されずに昼まで寝ていたい」という人もいるでしょうが、これは余計に脳のパ**

フォーマンスを下げるので、やめたほうがいいでしょう。

人は、朝起きて太陽の光を浴びることで、体内時計がリセットされます。つまり朝、起きた時間によって、「眠たくなる時間」「眠りに入る時間」が決定されるのです。

平日は7時に起きる人が、土日に11時まで寝たとすると、睡眠覚醒リズムが後ろに4時間もずれこんでしまいます。日曜日の夜に眠気が出なくなり、月曜の朝の起床がものすごくつらくなります。

睡眠覚醒リズムが後ろに4時間ずれ込んでいるということは、平日7時起きの人が夜中3時にたたき起こされるのと、同じような意味合いを持つわけです。

あなたが、月曜日の朝に憂鬱なのは、土日に寝すぎているせいなのです。

それでも、土日くらいはゆっくりと寝ていたいですよね。その場合は、**普段の起床時間から2時間プラスを限界と考えてください**。平日7時起きの人は、9時までには起きましょう。2時間以内の睡眠時間の延長であれば、睡眠覚醒リズムにそれほど大きな影響を与えないからです。

「寝だめ」という言葉がありますが、これは医学的には間違いです。生理学的に「寝だめ」はできないということが証明されています。過去の睡眠不足を解消したり、睡眠の負債を返済したりすることはできます。しかし、土日にいくら長時間睡眠をとっても、翌週の睡眠不足に対する蓄えにはまったくならないのです。

ここでも、1日の疲れは1日のうちに解消し、宵越しのストレスはもたないということが重要になってきます。

起床時間と入床時間は、毎日、同じ時間にし、1回の睡眠で十分な時間眠るのが、最も健康的で最も脳のパフォーマンスを高める睡眠習慣なのです。

週末のたっぷり睡眠でも集中力は回復しない

「普段は睡眠を削っても、土日にたっぷり眠れば、その分は取り返せる」と思っている人も多いでしょうが、ペンシルベニア州立大学のヴゴンツァス博士の研究によって、これが間違いであることが示されました。

13日間に、8時間睡眠を4日、6時間睡眠を6日、10時間睡眠を3日、順にとってもらい、ストレスホルモン、脳波の測定、さらに注意力・集中力などを反映する認知機能検査を実施しました。

2時間の睡眠削減によって、ストレスホルモンの上昇、脳波の異常、認知機能の低下が観察されました。その後、10時間の睡眠を3日とる（週末の「寝だめ」を再現する）と、ストレスホルモンは低下し、脳波も正常化しましたが、認知機能だけは回復しなかったのです。

つまり、「睡眠不足をしても、週末たっぷり眠れば脳は回復する」というのは間違いだったわけです。

平日に睡眠を削って仕事をして、週末に10時間の睡眠をとっても、脳の疲れは回復しないのです。睡眠不足で低下した集中力は休日2日だけでは回復しません。つまり、休日明けも集中力が低下した、パフォーマンスの低い状態が続くのです。

慢性的な睡眠不足の人は、常に頭がボーッとして、365日、毎日が100%のパフォーマンスを発揮できない状態で勉強や仕事をしているということになります。

休日にたっぷり睡眠をとるというのは、身体の疲れを回復するのにはいいかもしれませんが、睡眠不足による脳の疲れを取り戻すには不十分なのです。

週末にたっぷり眠ることよりも、普段、睡眠不足にしないことのほうが、何倍も大切なのです。

最高の週末 その2

成長ホルモン回復術

疲れているときこそ運動せよ

平日忙しく働いているサラリーマン。疲れがたまっているので、「週末くらいは家でソファーに寝っ転がってだらだら過ごしたい」と思う人も多いでしょう。

しかし、それはまったくおすすめできない週末の過ごし方です。

私がおすすめするのは、「運動」です。疲れている人ほど、運動すべきなのです。

「運動すると余計に疲れるじゃないか。疲れているときに運動しろとは、どうみても矛盾している」と思った人も多いでしょう。しかし、まったく矛盾していません。むしろ、医学的には最も合理的な疲労回復方法が運動なのです。

運動には、集中力をアップさせるほかに、様々な効果があることはすでにお伝えしてきました。その中でも、**運動すると「成長ホルモン」が分泌される**というのは、とても重要なことです。

成長ホルモンは、疲労回復、免疫力アップ、細胞の修復、代謝・新陳代謝促進、アンチエイジング効果など、絶大な疲労回復効果を持ちます。また、運動すると睡眠が深くなりますから、二重の意味で疲労回復効果が得られるのです。

ですから、1時間以上の有酸素運動がおすすめです。ウォーキング、ランニング、水泳、エアロビクス、球技などのスポーツ……。自分に合った「楽しい運動」を、少し汗をかく程度に行うのがいいでしょう。

私は、週に4、5回スポーツジムに通っていますが、日曜の午後の時間帯が最も人が多く賑わっています。エアロビクスのコースを1時間やって、終わった後、参加者のほとんどから、実に爽やかな笑顔がこぼれます。ストレスが発散されています。なんと素晴らしい休日の過ごし方ではないでしょうか。

週末のたった1時間の運動だけでも、集中力と幸福感と健康という人生に必要なもののほとんどが得られるのです。平日に運動するのは無理だという人も多いでしょうから、せめて週末の1時間だけでも、運動に時間を使いたいものです。

補完計画リフレッシュ術

ここまで、普段デスクワークを中心にしている人を対象にして、運動をおすすめしてきましたが、肉体労働を中心に働いている人には、ソファーでくつろいで読書するという過ごし方もよいでしょう。

疲労は、筋肉や脳の同じ部位を反復させて、過剰に使うことによって生じる疲れのことです。

休日に普段と同じことをすると、身体も脳も余計に疲れます。ですから、休日は普段していないことをするのが、身体を休めることになり、脳を活性化させることになるのです。

たとえば、デスクワークをして運動不足がちの人は「運動」すべきですが、普段、身体を動かし続けている人は、「読書」をして頭を使ったほうがいいのです。

あるいは、「言語・理論脳」と「感覚・芸術脳」のバランスをとるというのもいいと思います。

普段、デスクワークが多い人は、休日は美術鑑賞（感性を刺激する）や映画鑑賞（感情を動かす）をして「感覚・芸術脳」を刺激しましょう。

普段、芸術やデザインの仕事をしている人は、読書をして「言語・論理脳」を刺激するのがいいでしょう。

あるいは、仕事で人と会わない人は、友人と会ってコミュニケーションをする。普段、人と会うことが仕事の人は、休日くらい「一人の時間」を創ってみるという具合です。

しかし、私たちは休日も普段と同じことをしがちです。例えば、仕事で朝から晩までパソコンをしている人が、休日もパソコンやスマホなど、インターネットが手放せなかったりします。それでは脳は休まらないどころか、むしろ疲れ切ってしまいます。

脳はバランスよく使うことで、最高のパフォーマンスを発揮するのです。

毎日、同じ日課を繰り返す

以上、私が実践している、毎日の過ごし方を時系列にそって、お伝えしました。これが私が実践している「神・時間術」です。

重要なのは、これを可能な限り毎日繰り返すということです。時々やってもしょうがありません。毎日やることでリズムが生まれてくるのです。

特に起床時間と入床時間を毎日、同じにすると、体調も頭の回転も、すこぶるよくなります。もちろん十分な睡眠時間がとれていることはいうまでもありません。

毎日同じ時間に眠って同じ時間に起きて同じ日課をこなすことが、最も脳のパフォーマンスを上げるのです。

リズムができると、身体が勝手に反応してくれます。朝シャワーを浴びた直後から集中力がピークになり、ランチでリセットして、運動でリセットする。

「毎日のリズム」ができあがると、集中力をコントロールすることができるのです。

イチロー選手がインタビューで、毎日同じ時間に起きて、毎日カレーライスを食べて、毎日、球場に向かう道順まで同じで、球場に入ってから試合が始まるまでのアップの仕方も決まっていて、自分の打席でバッターボックスに入るまでの動作もすべて決まっていてルーティンになっていると言っています。これがプロフェッショナルの時間管理です。

同じことを繰り返すことで、それが強化されていきます。身体がリズムを覚えているので、決まった時間に最高のパフォーマンスを発揮できるのです。

ここまでできれば完璧です。大切なのは、「自分のリズムを乱さない」ことです。これが、毎日、コンスタントに高い集中力を発揮する最大のコツとも言えます。

脳科学にもとづく最高の1日

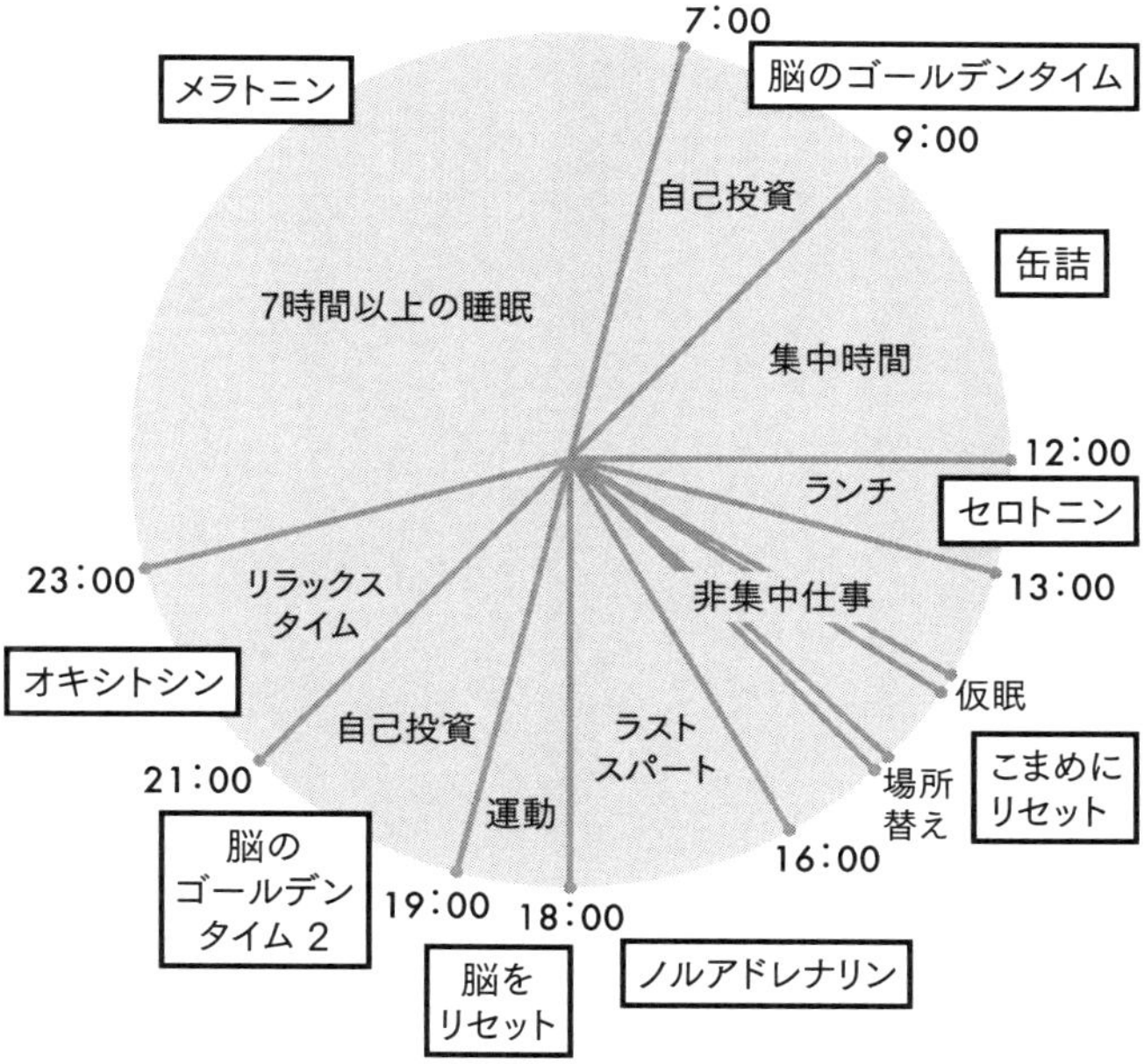

第5章

仕事の時間を最大に生かす時間創出仕事術

多くの人は、時間を「使うもの」だと考えています。しかし、私は時間を使うことで、「時間を創り出す」と考えています。「時間消費型の仕事術」を続けている限り、「忙しい」「時間がない」という毎日から解放されることはありません。

本章では、投資のように時間を創り出す仕事のやり方や考え方、時間を創り出す仕事のコツをまとめた「時間創出仕事術」についてお伝えします。

最高の仕事 その1

「フォーユー」仕事術

相手を想えば自分に返ってくる

「忙しい、忙しい」と時間に追われている人ほど、約束の時間に遅刻してくるものです。「前の打ち合わせが長引いてしまって、すいません」ということをよく聞きます。

忙しい人は、「自分の時間」を大切にしますが、「他人の時間」をないがしろにします。そういう人は、「他人の時間」を奪っていると同時に、「自分の信頼」を失っていることに気づくべきです。

この世の中で最も大切なのは、「はじめに」でも述べたように「時間」です。ですから、**「自分の時間」を大切にするのは当然として、「他人の時間」も大切にし、尊重すべきなの**

です。

結果として、相手もあなたの時間を尊重してくれることで、仕事がスピードアップして、時間が創り出されます。そうした時間の投資が、「信頼」となって返ってくるのです。「相手のため（FOR YOU）」の精神で仕事をすることで、結局、それが何倍にもなって自分に帰ってくる。それが、これから紹介していく「フォーユー仕事術」です。

「フォーユー」仕事術1　ASAP仕事術

緊急度の高い仕事は優先的にこなす。これは、ビジネスの基本だと思いますが、「緊急度」を正しく評価するのは、なかなか難しいことです。

私の場合は、**「人を待たせている仕事」「人を待機させている仕事」は最優先に処理します。つまり、ASAPで処理するように意識しています。**

ASAPというのは、as soon as possible の略で、「可及的速やかに」という意味です。アメリカでは、日常的に使われている言葉です。

私がシカゴに留学しているときに、ランチから戻ると机の上に、「ASAP 今すぐに教授室に」というメモがあってドキッとしたことがあります。

ASAPとは、「大至急」「最優先」というニュアンスです。

「人を待たせている状態」では、仕事の「返し」が遅くなるほど、相手に迷惑をかけます。1時間遅れると、自分の1時間と相手の1時間とで、合計2時間のロスが生じます。

わかりやすい例が、原稿の締め切りです。原稿の締め切りの場合、締め切りから1日遅れると相手の時間を1日奪っているのと同じことになります。相手は1日分の遅れを挽回するのに、忙しく仕事をしなくてはいけません。自分の「怠惰」「ルーズ」「いいかげんさ」のつけを、相手に回すことになるのです。

従来の時間術では優先度を、A、B、Cに分類し、さらにAの中でも優先度をA1、A2、A3……と分類して、優先度の高い順に仕事をこなす、というやり方があります。

私の場合は、A1のさらに上に「ASAP」を設定して、他人を待たせている仕事を最優先でこなすようにしています。

「締め切りを守る人」「締め切りを守る会社」という印象が定着すると、相手からの信頼度が大きくアップします。次の仕事をもらえる確率も飛躍的に高まるでしょう。お客さんやクライアントのリピート率が高まり、結果として収入アップに結びつくのです。

ASAP仕事術をしっかり行うことで、「信頼」と「お金」の両方を得られます。

「フォーユー」仕事術2
30分前行動

遅刻をしないというのは社会人として当たり前のルールに思えますが、スマホが普及してから、「遅刻する人」が間違いなく増えています。

スマホで、「10分遅れます」とメッセージを送信すれば、「遅刻が許される」という風潮は、とても残念なことです。

私は、3時に待ち合わせの場合は、30分前には約束の場所に着くようにします。どうしても電車が遅れたり、電車の接続が悪かったりして時間がかかる場合もありますが、そんなときでも30分前を目標に行動していれば、約束の時間に遅れることは、まずありません。

30分前に着くと、30分の時間を失っているように思いますが、この30分があると、ノートパソコンを広げて一仕事こなすことができます。

30分とは、集中時間「15分」が2単位なので、正確には「2仕事」こなすことができます。さらに、「30分で相手が来る」という時間制限がつくので、「ケツカッチン仕事術」になり、集中力も高まります。それなので、普段家でする場合の1・5倍くらいの仕事量をこなすことができるのです。つまり、**30分早く行動することによって、10〜15分の時間を**

創り出しているのです。

また、30分前行動をしていれば、非常に融通が利くようになります。相手が10分早く来れば、打ち合わせも10分早く終わりますし、相手が10分遅刻しても、デスクワークの時間が延長されるだけなので、別に時間の損失はありません。デスクワークの集中状態に入っていれば、相手がどれだけ遅刻しようが関係なくなってきます。イライラすることもありません。

そして、約束の時間よりも早く来ていると、間違いなく相手に喜ばれますし、「こんなに早く来ていただいて」と感謝されます。

たった30分早く行動するだけで、集中力が高まり、自分の仕事もはかどる。時間も創出された上に、クライアントやビジネスパートナーの信頼を獲得できるのですから、こんなに効率的な「時間投資」はないでしょう。

「フォーユー」仕事術3 時間厳守

私はセミナーをするときは、必ず時間通りにはじめるようにしています。

「午後6時30分開始」の予定であれば、「午後6時30分」ちょうどにはじめます。1分、

1秒も遅れることなく、「午後6時30分」にはじめます。

これは当たり前のように思えますが、時間通りにはじまるセミナーというのは意外と少ないものです。ほとんどのセミナーは、数分遅れではじまります。

参加者100人で、3分遅れでスタートすると、100人×3分＝300分、つまり5時間もの時間が、そこで失われているのです。さらに、講師が話す時間も3分減りますから、参加者は「話が短縮された」ことで、大損をしているのです。

セミナーでよくあるのが、「まだ来ていない人が多いので、開始を10分遅らせていただきます」というパターンです。主催者は、「気遣い」のつもりかもしれませんが、私は「最低のセミナー主催者」と考えます。

なぜ、遅刻している人のために、「時間通り来ている人」が待たされないといけないのでしょうか。100人×10分＝1000分、つまり16時間半もの時間が失われ、講師の話が10分も短縮される。そんなバカな話があっていいのでしょうか。

これは会社の会議でも、よくあることだと思います。3時スタートの会議であれば、3時ちょうどにスタートすべきなのです。いつも、「3時5分」にスタートするから、「どうせ3時にははじまらないだろう」と、参加者は少し遅れてくるようになる。結果、悪循環に陥ります。

社長が毎回、3時ちょうどには着席していて、1分、1秒も遅れることなく定時にスタートしていれば、ほかの人も必ず、3時までには着席して待つようになります。

他人を待つことではなく、時間を決めて、時間通りはじめることが、最も「他人の時間を尊重する」ことにつながります。

個人対個人において時間の約束を守るというのは当然のことですが、集団やグループ、数十人、数百人に対してであれば、それは一層、厳格に守らなければいけないはずです。

そうした時間に対するルーズさが、信頼を大きく喪失することにつながっているのです。ビジネスというのは、信頼なしには成立しません。

「時間厳守」は、本当に大切なことです。

「フォーユー」仕事術の究極のメリット

このように、「時間を守る人」というイメージが定着すると、間違いなく信頼度がアップします。それは、やってみれば歴然とわかります。

逆に「時間にルーズな人」は、ものすごく信頼を失って、仕事のチャンスやビジネスのチャンスを失っているのですが、それに気づいている人はほとんどいません。

「忙しい」という感覚が、「相手に迷惑をかけている」という感覚すら奪っているからです。

常に**「フォーユー」仕事術を徹底していると、相手の行動が変わってきます**。待ち合わせのずっと前からカフェに来ていることを相手が知ると、相手は必ず約束の時間よりも早く来るようになります。遅刻するようなことは決してなくなります。

私のセミナーが、「完全に定時にスタートする」と知っているセミナー参加者は、必ず「開始時間」よりも前に来て、スタート時間には着席して待っています。結果として、「開始時間」には、ほとんどの参加者が来場し、着席している状態になります。これは、時間を創り出しているのと同じです。

時間に対する緊張感が、セミナーの緊張感、イコール集中力を高めます。結果として、参加者の学びの効率がアップして、参加者の満足度がアップし、さらにリピートしてくれるようになります。

「フォーユー」、つまり「相手の時間を大切にする」ことを意識すると、それが自分の時間になって跳ね返ってくるのです。さらに、相手の信頼も手に入れることができる。

「フォーユー」仕事術は、一石二鳥のすごい仕事術といえるのです。

最高の仕事 その2

「今でしょ」仕事術

「今でしょ！」という言葉はもうだいぶ古くなりましたが、この言葉が流行る10年以上前から、私は「今を生きる」を座右の銘にしてきました。

仕事を後回しにせず、「今」にコミットして、次々と仕事をこなしていく。これが、「今を生きる」ということであり、「今でしょ」仕事術ということになります。

「今でしょ」仕事術1 2分判断術

すぐに終わる仕事は、後回しにしないで今すぐ、終わらせたほうがいい。

そういう話をすると、「すぐに終わる仕事というのは、何分以内に終わる仕事ですか？」という、いやらしい質問をする人がいます。

あるいは、「すぐに終わる」の定義をきちんと決めていないと、「この仕事は5分で終わるけど、今やったほうがいいかな？　それとも、後にしたほうがいいかな？」と迷う人もいるかもしれません。「どうしよう？」と迷っていると、それだけで時間はすぎていきます。

そのためにも、「すぐに終わる仕事」の基準を決めておかなくてはいけません。

「すぐに終わる仕事」とは、ずばり「2分以内で終わる仕事」のことです。これは、デビッド・アレンの『ストレスフリーの仕事術　仕事と人生をコントロールする52の法則』（二見書房）に書かれています。

それでは、2分の根拠というのは何でしょうか。3分ではなく、1分30秒ではなく、2分という基準は……、特にありません。ただ目安として「2分」とイメージしておく。

「この仕事、すぐに終わるかな？」よりも**「この仕事、2分で終わるかな？」のほうが、「終わる」「終わらない」の決断を瞬間的に行うことができる**ので、より合理的であると考えられます。

「2分で終わる仕事」とは、典型的なのがメールの返信でしょう。「今、返信しないで、後で暇なときに返信しよう」と思ったら、後でもう一度メーラーを立ち上げて、そのメールを探して、そのメールを開いて、もう一度読み直して……、なんてことをやっていたら、それだけで30秒か1分ぐらい経ってしまいます。

今、返信すれば、1～2分で終わるのに、後に回すことで、余計にもう1分の時間がかかってしまう。なんという時間の無駄でしょう。

ということで、「2分で終わる仕事」は、後に回さず、今すぐ終わらせたほうがよいのです。

「今でしょ」仕事術2
30秒決断術

「迷っている」というのは、時間の無駄です。「今、決断しない」ということは、「後からあらためて時間をとって、じっくりと考え直す」ということを意味しますが、これまた時間の無駄の連鎖を生みます。

あなたが経営者や管理職の場合、あなたが決断するまで他の人が動けません。つまり、決断が遅くなることで、部下の時間を奪っているわけです。あるいは、会社全体の仕事の進捗にブレーキをかけることになるのです。

多くの人は、「大事な決断は、時間をかけたほうがいい」と思っているかもしれませんが、それは誤りです。

「ファーストチェス理論」という考え方があります。チェスの名人に、チェスの盤面を見せて、次の一手を言ってもらうのですが、まず「30秒」で最初に浮かんだ一手を言ってもらいます。次に、さらに1時間、じっくりと考えてもらって、次の手を言ってもらいます。結果、「30秒」の最初の手と「60分」熟考した手が90％も一致したのです。

つまり、「ひらめき」や「直感」というのはかなり正しいのです。あるいは、長く考えても最初に思いついた判断とほとんど変わらないということです。30秒考えるのと、**60分考えるのとで、同じ結論が出るのであれば、30秒考えれば十分といえるでしょう。長く考えたからといって、よりよい判断ができるとはかぎらないのです。**

ですから、日々の決断は、30秒で即断即決していく。これが、時間を大きく節約するコツです。

「今でしょ」仕事術3
「未決」を決断する

そうは言っても、「本当に重要な決断」の場合、30秒で決められないこともあります。あるいは、返事や情報がないと、最終的な判断ができないという場合もあるでしょう。

その場合、「今は決めない。5月30日の12時に決める」と決断します。つまり、未決を決断するというわけです。あるいは、意識的に「保留」を決断するのです。

そうすると、それまでの間、その案件を何度も考えないですむようになります。締め切り時間になり、情報がそろったら、改めて判断・決断すればいいのです。

未決を決断しないと、「そういえば、○○の件、どうしようかな」という考えが、何度も頭に浮かんできます。しかし、その決断は今はできないのですから、考えてもまったく無駄なのです。

しかし、考えは自分でコントロールできないので、勝手に浮かんできます。自分の中で、きちんと未決を決断し、最終決断する時間まで決めておけば、そんな無駄な考えが浮かばなくなります。

心配事や未決の案件が多いと、それが頭に浮かんできて、脳の作業スペース（ワーキングメモリ）を奪い、集中力を低下させ、仕事の効率を下げます。ですから、**未決を決断すると脳のワーキングメモリの節約となり、決断するまでの集中力を相対的に高める、つまり集中時間を創出していることになるのです。**

「今でしょ」仕事術4 「いつまで」ではなく「いつやるか」

〝「未決」を決断する〟で重要なのは、「5月30日の12時に決める」という点です。ほとんどの人は、物事を先延ばしにする場合、「5月30日の12時〝まで〟に決める」のように、「期限」を決めるはずです。しかし、期限を決めても、「あっ、まだ決められない」とさらに先送りするのが関の山です。

今、できない仕事があった場合、「5月25日までに終わらせる」というように先送りするのが普通ですが、これがダメなパターンです。

「5月25日の15〜16時に終わらせる」と、作業時間まで指定します。その時間は、別な予定が入らないように、必ず確保します。そうすると、その仕事を確実に「5月25日」までに終わらせることができるのです。

「期間」というのは、時間を二次元的に「線」でみるという発想です。

「今でしょ」仕事術は、時間を「今」という「点」として考えます。ですから、**仕事を先延ばしする場合も、未来の「点」のような限られた時間をイメージして、そこにスケジュールを入れていきます。**

一瞬、一瞬を大切にする「点」のように小さな時間にフォーカスして、仕事を一気に片づけていく、「今でしょ」仕事術の発想法です。

「今でしょ」仕事術5

「今、アポ」仕事術

交流会などで人と会って、意気投合して、「その話、今度、直接会って聞かせてください」という流れになることがよくあります。しかし、その後に非常に残念な一言が続きます。「日程に関しては、あらためてご連絡させていただきます」と。

「あらためてご連絡させていただきます」という人に限って、あらためて連絡してこない人が多いのです。つまり、その交流会で10分、15分、その人と話した時間が水泡のように消えてなくなるということです。

仮に後日連絡してきたとしても、メールやメッセージで数往復しないと、お互いに都合のよい時間と場所は決まりません。

そんなことなら、**今、次に会う日時を決めればいいのです。**

私の場合は、本当に会って詳しく話を聞きたいと思ったなら、「では、いつにしますか？」とスケジュール帳を出して、その場でアポイントを入れます。互いにスケジュール帳を取り出し、日時を決めるまでに1分もかかりません。

「あらためてご連絡させていただきます」という人は、「今」にコミットしない人です。

あなたに対して興味がないし、本当は会いたくもないのに社交儀礼的に、「直接会って聞かせてください」と調子のいいことを言っているだけなのです。

「では、いつにしますか?」と言ったときに、「最近、仕事が立て込んでおりまして」と、アポを入れることを躊躇する相手も同じです。

本当にあなたに会いたければ、他の仕事をキャンセルしてでも、あなたとのアポイントを入れるはずです。

この「今、アポ」仕事術を実践すると、自分に対する関心度が瞬間的にわかります。相手が本気なのか、自分に関心を持っているのかが、一瞬で判断できます。

ある意味、相手の本気度を知る、究極の心理テクニックです。

「今でしょ」仕事術6 「今」にコミットする人と仕事をする

「後日連絡します」という人が、全員、悪い人というわけではありません。非常に慎重な人、注意深く物事を進行しようとする人もいるでしょう。しかし、私はそういう人とは仕事をしません。時間がもったいないのです。

世の中には、二種類の人間しかいません。「今」にコミットしている人と、そうでない人です。

「結果にコミットする」はライザップのキャッチコピーですが、私の座右の銘は「今にコミットする」です。

「今」にコミットしている人とは、この「今でしょ」仕事術を実践している人です。「やる、やらない」「参加する、しない」などの決断が速く、アポイントも瞬間的に入れる人です。

そういう人と一緒に仕事をすると、スピード感のある仕事ができます。**「今」にコミットして生きる人は、メール返信も速く、締め切りを守るだけではなく、仕事の質においても厳密な人が多いです。**互いに「相手の時間」を尊重し合い、気持ちよく仕事ができるのです。

ですから、自分がビジネスパートナーを選べる立場にあるのなら、「今」にコミットする人と仕事をするべきです。

結果として、より短い時間で、より質の高い仕事をこなすことができます。

まさに、それは時間を創り出しているということ、時間創出といえるでしょう。

「今でしょ」仕事術7 「今」にコミットして生きる

私は、今にコミットする生き方をしています。

今にコミットする、とはどういうことかというと、「今する」「すぐやる」「後回しにしない」ということで、今、この瞬間に全力でやりきることを自分と約束することです。もし、今できなければ、今日中にやる。今日のことは今日中に片づける。仕事も遊びも1日で完結させます。

今日の仕事はできるだけ今日中に終わらせるように頑張るということです。

遊びに関しても同じで、大切な誘いがあれば、絶対に断りません。自分の本能のままに動きます。仕事が詰まっていれば、パフォーマンスを高めて、さっさと終わらせて夜は自分のために使います。仕事も遊びも全力です。**仮に、余命1日を宣告されても、後悔しない生き方、それが、「今にコミットして生きる」ということです。**

これができるようになると、「後悔」ということが完全になくなります。

よく、「タイムマシーンに乗って1年前に戻れるとしたらどうしますか?」という話がありますが、私の場合には、今と同じようにしかならないと断言できます。なぜならば、

100%やりきっているからです。もう一度繰り返しても、今よりも良くなりようがないのです。これ以上は無理というレベルで、毎日、全力で生きています。

あなたも今日から「今にコミットして生きる」人生に変えてしまいましょう。

最高の仕事その3 並行仕事術

「ながら仕事」は、やめなさい

学生時代、ラジオを聞きながら受験勉強をした人も多いと思いますが、「ながら勉強」や「ながら仕事」は効率がいいのでしょうか。

これは、脳科学的には結論が出ています。多くの論文が示すところによると、人間の脳はマルチタスクができません。一度に二つのことを処理することは、脳科学的には不可能なのです。一見して、同時処理しているようで、脳の中で高速で二つの回路を切り替えているだけなのです。

たとえば、テレビを見ながら本を読むということはできますが、それは脳の「テレビを見る」部分と「本を読む」部分を、1秒間に何度も切り替えながら、見かけ上、同時進行しているように見せているにすぎないのです。

つまり、**「ながら仕事」ははかどるどころか、仕事効率をものすごく下げているのです。**どのくらい下げているかというと、難易度の高い二つのことを同時に行った場合、それぞれ別々に行う以上の時間がかかるそうです。つまり、「ながら仕事」をすると、1時間で終わる仕事が2時間かかるかもしれない、ということです。

「ながら仕事」ではなく「並行仕事」を意識する

「ながら仕事」は脳の効率を下げます。最もわかりやすいのは、「歩きスマホ」の例です。「歩きスマホ」によって人にぶつかったり、ホームから転落したりする事故も起きています。つまり、歩きスマホによって、圧倒的に注意力が低下しているのです。

何かを組み合わせて仕事をする、というのは基本無理だと思ってください。

ただし、「ながら仕事」の一方が、ものすごく単純な場合は、その限りではありません。たとえば、電車に乗って移動中に読書をする。電車に乗っているのは、ただ座っているだけ、または立っているだけですから、同時に行うことは可能です。

あるいは、入浴しているときに読書をする人もいますし、入浴中に考えごとをする人もいます。入浴は、基本的には湯船につかっているだけですから、何かを同時に行うことが可能です。むしろ、湯船につかっている状態というのは、雑念が入りにくく、集中しやすく、リラックスもしているので、アイデアが生まれやすいのです。「アイデア創出時間」には、極上の時間ともいえます。

あるいは、歩きながら考えるというのもメリットが大きいです。歩くことで脳が活性化するので、やはりアイデアが生まれやすくなります。

このように、**「電車に乗っている」「入浴している」「歩いている」といった、非常に単純な動作と同時であれば、同時進行的に仕事や考えごとをこなすことができるのです。**これを「ながら仕事」と区別して、「並行仕事」と呼びましょう。

移動中に読書をするというのは、1時間の移動時間で1時間の読書時間を捻出できていますから、それは1時間の時間を創り出したのと同じことです。

入浴時間30分で、「アイデア出し」をするというのも、「アイデア出し」の時間30分を捻出したと同時に、机に向かってアイデア出しをするよりも効率が上がる可能性があるので、実際には30分の時間投資で、40~60分の時間を創り出したのも同じことです。

このように、互いに効率を下げる「ながら仕事」ではなく、組み合わせることで飛躍的に仕事効率を高める「並行仕事」を意識することで、1日数時間の時間を作り出すことが可能になります。

私たちは、通勤や通学あるいはそれ以外の電車での移動時間に、かなりの時間をとられています。東京都内に通勤するサラリーマンの平均通勤時間は片道約1時間です。つまり、1日2時間を移動時間にとられています。睡眠時間を除くと、1日の10％以上を「移動時間」にとられているのです。

それでは、移動時間を有意義に使うにはどうしたらいいのでしょうか。

私の移動時間の使い方は、「読書」「耳学」「考えごと」のズバリ3つです。

並行仕事術1　移動読書術

「読書をしましょう」というと、多くの人は「時間がありません」と言います。しかし、移動時間を使えば時間がなくても読書はできます。

私は、月に20～30冊ほどの本を読んでいますが、自宅では読まないので、すべて移動中に読みます。つまり、やろうと思えば、移動時間だけで月に20～30冊の読書ができるということです。

そこまで読まないとしても、移動時間だけで月5冊ほどの読書をすることは、電車通勤しているサラリーマンであれば、誰でもできるのです。

移動時間で効率的に読書する。移動読書術のコツをお伝えします。

今日読む本を決める

まず、朝出かける前に、「今日は、この本を読もう」と決めて、カバンに1冊だけ本を入れます。そうすると、たいてい家に帰ってくるまでに、その本を読み終えています。

ノルマというと堅苦しいですが、きちんと「移動読書」の目標設定を行うということです。目標設定をすることでドーパミンが分泌されますから、モチベーションが高まるとともに集中力がアップし、学習効率も高まります。

1日1冊、というのは慣れてくると、非常にいいペースです。残り20ページで帰宅すると、翌日は2冊の本を持って家を出ないといけないので、それまた面倒くさい。また、1日のうちで読了したほうが、内容を忘れないので考えをまとめやすくなります。本の内容を把握しやすいのです。

そうしたメリットもあるので、「とにかく、きっちり今日中に読み終えよう」という気持ちになります。

1日に1冊が無理という人は、「1週間で1冊」からスタートして「3日で1冊」「2日で1冊」とペースアップしていくといいでしょう。

いつまでに、「この本を読もう」と目標設定をしたら、必ずその目標は遵守《じゅんしゅ》してください。そうすると、電車の中でゲームをしたり、メールやメッセージをチェックしたりする暇がなくなります。どうしても、メールチェックしたいのなら、本を読み終えてからやる、くらいの意識を持つことです。

そうすると、読むプレッシャー、それもほどよいプレッシャーがかかりますので、集中力が高まります。

読んだら必ずアウトプットする

本を読んだら必ずアウトプットをしてください。本の感想や気づきを書きとめるということです。アウトプットをしないと、せっかく本を読んでもすぐに内容を忘れます。読書をしても、何の意味もないのです。

しかしながら、電車で移動中にアウトプットするのは困難なので、家に帰ってから、アウトプットすることになります。Facebookなどのや SNSブログなどに、読み終わった本の感想や気づきを書きます。

一番簡単なアウトプット法は、「**3ポイント・アウトプット法**」です。その本を読んで得られた気づきを3つ、それぞれ1行ずつ書く方法です。この方法なら、3分あればできます。

読書に関する詳しいアウトプット法は、拙著『読んだら忘れない読書術』に書いてありますので、そちらを併せてお読みください。

電子書籍を活用する

満員電車の中では、読書もできないという人もいるでしょう。

その場合、電子書籍を活用するといいでしょう。

スマホやタブレットで読める電子書籍は、スペースをとらないですし、片手でページ送りができますので、満員電車で片手にカバンを持っていても大丈夫です。

本を読むのが速い人は、本を1冊持って家を出ても、帰ってくるまでに読み終えてしまうこともあるでしょう。そんなときは、**電子書籍に「時間があるときに読みたい本」を何冊か入れておくと便利です。**

電子書籍ですと、簡単にアンダーラインを引くこともできます。

私は、本はマーカーで線を引きながら読む「アンダーライン読書術」をおすすめしていますが、紙の本だと満員電車の中では難しいです。しかし、電子書籍ですと、アンダーラインも簡単に引くことができます。

並行仕事術2 耳学

電車の中で、イヤホンやヘッドホンで音楽を聞いている人がたくさんいます。

ただ、必ずしも音楽を聞いているわけではなく、勉強のための音声を聞いている人もいるはずです。満員電車で、隣の人のイヤホンから英語がかすかに漏れているのが聞こえてきて、「あっ、この人英語の勉強をしているんだ」ということが時々あります。

音声ファイル、音声教材などを活用して耳から学ぶ。これを「耳学」と呼びます。電車の中、特に満員電車の中での「耳学」は、非常に効果的です。

まず、両手がフリーになりますので、カバンや荷物を持っていても関係がありません。

ぎゅうぎゅう詰めの満員電車では、本を読むことも、スマホを見ることも困難になりますが、「耳学」であれば、満員電車でも他人に迷惑をかけずに、勉強することができます。「耳学」をやっている人はわかると思いますが、ものすごく集中できます。目をつぶって「自分の世界」に入ると、そこは家にいるのと同じくらいの「学び」のためのプライベート空間になります。

満員電車というのは乗っているだけで疲れますし、疲れた顔をしている他の乗客を見ているだけで気分がネガティブになります。しかし、「耳学」で自分の世界に入り込むことで、そうした満員電車でのネガティブさをシャットアウトし、満員電車を疲れずに乗り切ることもできるようになるのです。

スマホとイヤホンさえあれば、誰でも「耳学」をはじめられるので、スタートするハードルも低いと思います。

耳学で聞けるものは、

1. Kindleの読み上げアプリで聞く電子書籍

2. 語学教材、語学の音声アプリ

3. 動画セミナーの音声

4. YouTubeの音声

5．ポッドキャスト

など、いろいろなものがあります。

これらは、電車を待っている間や歩いている最中、自動車に乗っている間にも聞くことができます。

耳学を上手に使えば、1日2時間以上のスキマ時間を、自分の「学び」と「自己投資」の時間に変えることができます。

さらに、朝の通勤時間を「耳学」に充てることによって、今まで無駄にしていた「脳のゴールデンタイム」も有効利用できます。

同じスマホの使い方ですが、ゲームに使うのか、「耳学」に使うのかで、10年後、まったく別の人間になるくらいの差が生まれるでしょう。

並行仕事術3 考えごと

私がよくやる並行仕事術は、「考えごと」です。

「考えごと」といっても、漠然とした考えごとではありません。

たとえば、朝、風呂場に入ってシャワーを浴びる前に、「今日のメルマガは何ついて書こうか？」とテーマを決めて、風呂場に入ります。シャワーが終わって、風呂場から出るまでに、「メルマガに書くネタ」が決まっているのです。

これは制限時間を決めたケツカッチン仕事術でもあります。シャワーの時間という10分以内の間に、「メルマガに書くネタ」が確実に決まります。

これを机に向かってから、「今日のメルマガは何について書こうか？」と考えはじめると、やはり同じ時間10分という時間がとられてしまいます。

それも、朝起きたばかりの猛烈に濃い時間ですから、実際はその4倍。つまり、40分を失っているのと同じことです。

このように、**シャワーを浴びながら考えごとをするだけで、シャワー時間以上の時間を創出していることになるのです。**

人は、「ながら仕事」はできない、といいますがシャワーの手順は決まっていますから、何も考えなくても手は動きます。むしろ、シャワーを浴びて、交感神経モードに身体が切り替わるので、脳が覚醒モードに入って、いいアイデアが次々と浮かぶ瞬間でもあります。

トイレに入って、出るまで。

家を出て電車に乗るまで。

電車に乗って駅で降りるまで。

5～10分くらいのスキマ時間の活用法として、「考えごと」というのは非常におすすめです。

普通の人は、何も考えずに、シャワーを浴びて、トイレに入り、駅まで歩くわけですから、「アイデア出し」「判断」「決断」の時間として活用すると、おもしろいように仕事がはかどります。

第6章

自由時間を最大に生かす自己投資&リフレッシュ術

「神・時間術」を駆使して、1日1時間の自由時間が生まれ、「その1時間で何をするのか?」で人生が決まります。さて、時間術によって生まれた時間をどのように使いますか。

私がおすすめする自由時間の使い方は、「自己投資」「能動的娯楽」「楽しむ」の3つです。それらの自由時間の使い方について、詳しく説明していきましょう。

最高の自由時間 その1

自由時間に仕事はしない

仕事の「量」ではなく「質」を高める

時間術を駆使して1時間の自由時間が生まれました。あなたは、その1時間を何に使いますか。

多分、一番多いのが「仕事」です。「もっと仕事をする時間がほしい！」「もっと仕事の時間を増やして、結果を出したい」「もっと仕事の時間を増やして、収入を増やしたい」という人が、本当に多いです。

仕事熱心なのは悪いことではありません。しかし、時間術で創出された「自由時間」を、仕事に振り向けるのは絶対にやめてください。

あなたは、時間術で生まれた1時間を仕事に振り向けます。

さらに、時間術でもう1時間が生まれました。そして、その1時間を仕事に振り向けます。さらに、時間術で1時間が生まれました。そして、その1時間をまたまた仕事に振り向けます。

結果どうなるでしょうか？　1日9時間の仕事時間が10時間になり、12時間になり、最後には14時間になります。

結果として、1日中ほとんど仕事をしていることになります。

それでも、もし仕事で成果を出して、収入がアップするのならいいのですが、残念ながらそうはなりません。

緩急をつけた生活をしていないと、必ず病気になります。

休むべきときに休まず、十分な睡眠をとらず、運動不足の状態で、仕事をやり続けると、必ず病気になります。身体の病気か、メンタルの病気です。

実際に私の患者さんがそうだし、私の友人、知人でも病気になった人は、たくさんいます。うつ病になって、自殺寸前までいった人もいますし、私の友人だけでここ1年で3人が「がん」になっています。そのうち2人は40代の人です。

「仕事人間」で「俺は、仕事が大好きだから、休みなんかなくても大丈夫」と言っている人は、たいてい病気になります。

「自由時間」を「仕事」に振り向けると、際限なく仕事時間が増えていきます。

あなたが、「もっと、仕事をしたい」「仕事で結果を出したい」「もっと、収入を増やしたい」と思うのなら、仕事の効率を上げてください。

1日9時間という時間制限の中で、どれだけたくさんの仕事をこなせるのか。同じ時間の中で、どれだけ仕事の密度、質、精度を高められるのか。

そこを目指すべきです。

仕事時間をまったく増やさなくても、あなたがこなす仕事の量を増やし、仕事の質を高めるのは、まったく可能です。

私の経験では、仕事効率は3倍以上に増やせます。

仕事効率は3倍以上に増やせる

仕事効率を高めても、そんなに仕事の量は増えないと思っているかもしれませんが、私の経験では3倍以上に増やせています。

たとえば、私は精神科医として、作家として「病気の予防に役に立つ本を書く」ということをビジョンにしています。２００７年に作家として独立したときは、年に1冊出すのが精一杯でした。しかし、ここ5年間は年3冊のペースで出版しています。

年に1冊しか本を書けなかった私が、年に3冊も本を書けるようになった、ということです。

「書く」ということに関して言えば、私の仕事効率は3倍にアップしているのです。

さらに２００７年頃に出した本は、5千部から1万部しか売れていませんでしたが、最近出した本は最低で3万部。多いものでは15万部以上売れています。それは、文章力がアップし、読者に伝わる本、より内容の濃い本が書けるようになったということです。売上ベースでいうと、年1万部から年10万部にアップしたということ。つまり、収入ベースでは10倍に印税収入が増えているということです。

これだけたくさん本を書いて、印税が増えても、トータルの執筆時間は10年前と比べて減っているのです。仕事効率が上がり、より短時間で、よりレベルの高い文章を書けるようになったということです。

私の場合、「作家業」に関して、ここ10年間で、実働ベースで3倍、収入ベースで10倍以上も仕事効率を高めることができた、という現実があります。

最高の自由時間その2
自己投資をする

自分のメインスキルに自己投資せよ

私が自らの仕事効率を3倍から10倍にアップさせることができた理由。それは、自分のメインスキルに時間を自己投資したからです。

「作家」という仕事を考えた場合、そこで最も重要なスキルは何になりますか? 言うまでもなく「書く」ということです。

たとえば私の場合、1日の文章執筆時間は、3〜6時間です。平均して4時間くらいです。これを仮に、書くスピードを2倍にできたとしたらどうなるでしょう。

1日で2時間の時間を生み出したことになります。1年で730時間の時間創出です。

730時間は、30日に匹敵します。**自分の仕事のメインのスキルを磨くことで、1年を「13ヶ月」にすることが可能になる**、というわけです。

文章を書くスピードを2倍にする。そんなことは、無理だと思うかもしれませんが、正しい文章の書き方を学べば、誰にでも可能です。

たとえば、あなたは1時間で原稿用紙、何枚分書けますか。私は、5枚以上は書けます。集中力が高く、調子がよければ、7〜8枚書くこともあります。

しかし、最初から、それだけのスピードで文章を書けたわけではありません。文章の書き方を学んで、訓練をしたからこそ、ほぼ考えるのと同じスピードで、文章を書く、文章を入力することができるのです。

たとえば、文章を書く場合、最初に「構成」を決めて書く。これだけで、書くスピードが2倍に速まります。文章を書きながら、「次はどうしよう」と迷うことがなくなるからです。

本を書く場合は、20ページほどの詳細な「目次」を作ってから書き始めます。目次というのは、本の設計図です。これがきちんとできあがっていれば、猛烈に本を書く速度がアップします。

「文章を書く」スキルを磨くことで、文章を書くスピードを2倍に速めることはまったく可能なのです。そして、一度、早く文章が書けるようになると、それが遅くなるということはありません。**一度身につけたスキルは永久ものです。**

あなたのメインスキルは何ですか？

自分のメインスキルを磨くことに自己投資することで、圧倒的な仕事の効率化が可能になる。年間数百時間も時間を創り出せる。ありえない時間創出です。

あなたのメインスキルは、何でしょうか。

文章を書く時間の長い人は、「文章を書く」スキルを磨く。

パソコンに向かう時間が長い人は、パソコンのスキルを磨く。

会計や計算の仕事が多い人は、エクセルなどの表計算ソフトに習熟する。

プログラマーであれば、プログラミングの最新知識を勉強しておく。

営業職であれば、会話力、コミュニケーション力を磨きあげる。

このように、自分のメインとなるスキルを磨くことで、時間を効率化し、大幅な時間創出が可能となります。

自由時間ができたら、さらに自らのスキルアップのために時間を投資する。それによって、メインの仕事の効率がアップして、あなたは自己成長して、同じ時間で今まで以上の仕事をこなせるようになる。結果として、さらに自由時間が生まれ、さらなる自己投資の時間が創れる。

といったように、**自由時間を自分のスキルアップに自己投資するだけで、自己成長と時間創出のポジティブ・スパイラルに突入するのです**。

空いた時間を自己投資に向けて自己成長を加速しよう。これは、本田直之《ほんだなおゆき》さんの『レバレッジ時間術』（幻冬舎新書）や、「ワーク・ライフ・バランス」で有名な小室淑恵《こむろよしえ》さんの本などにも書かれていることです。ビジネスで成功している人、自己成長できている人は、きちんと「自己投資」に時間を使っている、ということです。

メインスキル以外の仕事力もアップさせよう

自由時間を勉強に充てる人は多いと思います。それは素晴らしいことなのですが、「何を勉強するか？」で、あなたの一生は大きく変わるはずです。

たとえば、英語の勉強。あなたが、「今、英語が話せないと困る」という状況にあるならば、それがあなたに必要な「メインスキル」になるでしょう。最優先で時間を投入すべきです。

ただ、英語を勉強している人の多くは、「今、特に緊急性はないが、将来に備えて、英語の勉強をしておく」という人が多いのです。

それは、素晴らしいことだと思いますが、「英語」以前に、あなたの「メインスキル」を伸ばす勉強を優先させたほうがいいと思います。

「メインスキル」への投資は、すぐに結果がでる短期投資であり、「英語の勉強」は、将来に向けての長期投資です。

「メインスキル」へ投資し、さらに自由時間を生み出してから、将来へ向けての地道な勉強をしていく。短期投資で資金を稼いで、それを長期で安定的な利回りを確保できる不動産に投資するイメージでしょうか。

まずは、あなたの「メインスキル」をしっかりと鍛え上げて、「自由時間」を生み出す基礎力を養っておく。その上でその他のスキル、仕事力のアップのために「自由時間」を投入していくのが最も効率のよい勉強法であり、時間術であるのです。

最高の自由時間 その3
能動的に娯楽を楽しむ

集中力を高める「読書」、集中力を下げる「テレビ」

仕事も大切です。勉強も大切です。でも、遊びも大切です。

せっかく生まれた「自由時間」です。「遊び」にも使いたいですね。

「自由時間」を遊びに使ったほうがいい。でも、どんな「遊び」をするかによって、あなたの人生が変わると言っても過言ではありません。

同じ「遊ぶ」のなら、あなたの人生を圧倒的に後押ししてくれる、自己成長につながる「娯楽」に時間を使うことをおすすめします。

ドイツの大規模な調査で、本をよく読めば読むほどより多くのフローを体験する一方、テレビを見ることについては逆の傾向が観察されました。最も多くのフロー体験は、多くの本を読みほとんどテレビを見ない人らによって報告され、最も少ないフローを報告したのは滅多に本を読まず、よくテレビを見る人でした。

フローというのは、我を忘れるような高い集中力が維持された時間です。

つまり、フロー体験する人は、集中力の高い時間を持っている人であり、フロー体験しない人は、常に集中力が低い状態と言えます。

この研究結果を言い換えるなら、**本をより多く読むほど集中力が鍛えられ、テレビをたくさん見るほど集中力が低くなる**ということです。

集中しないと本は読めません。読書を習慣にする人は、「対象に意識を集中する」トレーニングをしているわけです。

一方、テレビはボーッとしていても、何も考えなくても見られます。テレビを見るということは、集中しない、注意を散漫にするトレーニングをしているようなものなのです。

ハッキリ言えば、読書は、集中力を高めるトレーニング。テレビは、集中力を下げるトレーニングです。あなたは、1時間の自由時間を得たときに読書をしますか、それともテレビを見ますか。

受動的娯楽と能動的娯楽

娯楽は、大きく二通りに分類できます。

1つは、テレビ、テレビゲームのようなほとんど集中力を使わないしスキルも必要としない「受動的娯楽」。もう1つが、読書、スポーツ、ボードゲーム（チェスや将棋）、楽器の演奏などの集中力や、目標設定とスキルの向上を要する「能動的娯楽」です。

フロー概念の提唱者で「集中力」に関する第一人者でもあるチクセントミハイ教授は言います。「能力を発揮するフロー体験は人を成長させる。受動的な娯楽は何も生まない」。

能動的娯楽は、集中力を高めるトレーニングとなり、人を成長させる効果がある一方で、受動的娯楽は「何も生まない」のです。

それどころか、チクセントミハイ教授の研究によると、「無気力」を呈《てい》する割合は「スポーツ、ボードゲーム」の16％に対して、「テレビ鑑賞」は38％と、様々な娯楽分野の中で最も「無気力」を引き起こすのです。

高齢者の生活習慣と認知症の発生率について調べた研究で、「読書」と「ボードゲーム」をする人は、認知症のリスクが低いという結果が出ています。認知症を予防するということは、脳を刺激している、脳のトレーニングになっているということです。

集中力とスキルアップを必要とする「能動的娯楽」は、娯楽でありながらも、集中力や脳のトレーニングになるということです。それは、スキルのアップ、そして認知症の予防(病気にならない)という2つの意味で、時間に対する投資になるのです。

あなたが、1時間の自由時間を得たとき、受動的娯楽をするのか、能動的娯楽をするのか。どうせ同じ「娯楽」に自由時間を使うのなら、自己投資につながる時間の使い方を意識したいものです。

テレビ視聴時間を、今日から3分の1にする方法

私はテレビを見ること自体は、決して悪いことではないと思います。最新のニュースや有益な情報が得られます。ビジュアルでないと十分に伝わらないこともあるでしょう。

テレビ視聴における最大の時間の無駄は、「どうしても見たい番組」だけではなく、「見たくもないテレビ番組を漫然と見てしまう」ことです。

しかし、今のテレビ番組は本当に巧妙にできていて、番組が終わった瞬間に間髪いれずに次の番組が始まります。いやその前に次の番組宣伝が何度も挿入されていて、「見た

い」感を煽り、「見たくもない番組」を見せる仕組みになっているので、ついつい次の番組まで見てしまいます。

見たくもないテレビ番組を、一切、見ないで済む方法があります。それは、**「テレビは録画して見る」ということです**。これによって、テレビによる時間の無駄を大幅に減らすことができます。

スポーツやニュースは別として、それ以外のドキュメンタリー、ドラマ、バラエティ番組などは、すべて録画で見てください。録画して見ることによって、「本当は見る予定のない番組をついつい見てしまう」ことを１００％予防できます。「見たい番組」しか録画されていないのですから、関係のない番組を見ることは不可能です。

番組を録画する前は「どうしても見たい！」と思っていたのに、不思議なことに録画した瞬間に、その「見たい」という気持ちが、なぜか嘘のように消えてしまいます。

録画した番組が10本くらいたまると、見たい順番に見ていくことになります。ですから、「本当に見たい番組」を優先して見ることができます。

それで、結果として録画した番組が見きれなくて、たくさんたまっていきます。結局見ないで消去します。私の場合は、録画した番組の３本に２本は、結局、見ないまま消去します。

つまり、「テレビは録画で見る」を徹底するだけで、今日からでも、テレビ視聴時間を3分の1に減らすことができるのです。

毎日3時間、月90時間テレビを見ている人は、この方法で毎日2時間、月60時間を創出することができます。

テレビ視聴を能動的娯楽に変換する方法

テレビに代表される受動的娯楽は自己成長につながらないので時間の無駄です。同じ娯楽でも、自己成長につながる能動的娯楽に時間を使おうという話でしたが、テレビ視聴を能動的娯楽に変える方法があります。

それは、テレビを見たらアウトプットをするということです。テレビでわからないことが出たら調べるということです。

「集中力」と「目標設定とスキルの向上を要する」のが「能動的娯楽」の特徴です。ですから、集中力を使い、目標を設定して、スキル向上に役立てることができるならば、テレビ視聴も「能動的娯楽」になります。

そのためには、アウトプットをすればいいのです。

私は「情熱大陸」を見るときは、必ずその人物の名言を2、3書きとめるようにしています。そして、番組終了後、その名言とともに、その番組からの気づきをまとめ記事にしてFacebookに投稿します。

漫然とテレビを見るのではなく、そこから積極的に「学び」を得るために、貪欲にテレビを見る。そして実際に、アウトプットすることによって、内容を整理し、記憶に残す。場合によっては、その人物についてネットで調べたり、その人の書いた本を買って読んだりして学びを深めます。

このようにアウトプットを前提にテレビを見れば、集中力を使い、目標を設定して、スキル向上に役立つので、「能動的娯楽」に変換されるのです。つまり、同じ時間、同じ番組を見ても、自己成長に役立つ。自己投資の時間として活用できるのです。

これは、テレビに限らず、「映画」や「飲み会」も同じです。漫然と映画を見れば受動的娯楽ですが、アウトプットを前提に集中して見て、たくさんの気づきが得られれば能動的娯楽になります。

友人との飲み会も、ただ馬鹿騒ぎするだけなら受動的娯楽ですが、そこから学びを得て、それをアウトプットするのなら能動的娯楽に変換されます。

グルメも旅行もすべてそうです。アウトプットを前提に集中力を高め、実際にアウトプットによってスキルを高める。アウトプットを習慣にすれば、あなたの「受動的娯楽」時間のほとんどすべてを「能動的娯楽」時間、すなわち「自己投資時間」に変換することができます。

インプットをしたら、必ずアウトプットをしよう。アウトプットこそが勉強であり、自己成長である。具体的なアウトプットの実践方法については、拙著『ムダにならない勉強法』（サンマーク出版）に丸ごと1冊使って詳しく解説していますので、本書とあわせてぜひお読みください。

受動的娯楽を減らし、能動的娯楽を増やしましょう。能動的娯楽によって、仕事への集中力も高まりやすくなるのです。「遊び」や「娯楽」は、単なる時間の「消費」ではありません。能動的娯楽は、時間を生み出す「自己投資」であるということです。

最高の自由時間その4

人生を変えるリラックス時間

一流の「仕事人」は、一流の「趣味人」である

日本人は、「楽しむ」のが下手です。仕事をする人は尊敬され、遊ぶ人は軽蔑《けいべつ》される傾向が、依然として社会に存在するように思えます。

結局、「仕事最高」の同調圧力が、無給の時間外労働を強制したり、長時間労働のブラック企業を容認したりする社会を作っているのです。

昼はバリバリ働き、夜は人生を楽しむ、リフレッシュ時間に充てる。

これが、本書でおすすめする最強の時間術です。

昼も夜もバリバリ働き睡眠時間まで削ってしまう。そんなワークスタイルは、短期では

通じても、10年、20年続ければ、必ず病気になります。

私たち日本人は、もっと遊んでいいのです。というか、全然、遊び足りないので、もっともっと遊ぶべきなのです。

私はテレビをほとんど見ませんが、「情熱大陸」や「ソロモン流」などの人物ドキュメントは見ることがあります。こうした人物ドキュメントは、「人生の成功の秘訣」「ビジネスの成功の秘訣」を、生の実例から学ぶことができるからです。

人物ドキュメントに登場する「一流の仕事人」には、ある共通点があります。それは、「一流の仕事人」は、何か圧倒的に熱中できる「趣味」を持っていて、それに膨大なエネルギー、時間、お金を注いで、場合によってはプロに近い水準まで到達している、ということです。

集中力には、「遊び」も「仕事」も関係ありません。「遊び」や「趣味」に100%の集中力を発揮する人は、仕事でも100%の集中力を発揮できるのです。

「遊び」や「趣味」に集中できない人が、「仕事」をやっているときだけ集中力を発揮する、というのは無理な話です。同じ人間で、同じ脳を使っているのですから。

「趣味に夢中になる」というのは、実は最高の集中力トレーニングなのです。好きだから没入する。時間を忘れる。何の苦労も努力もなく、高い集中力を発揮できるようになっていくのです。

「集中力」×「時間」＝「集中時間」です。

趣味でも仕事でも、高い集中力を発揮できる人は、「集中時間」が多いのです。仕事効率が高い。同じ時間に、多くの仕事を高品質にこなすことができる。

ですから、一流の「趣味人」は、一流の「仕事人」になれるのです。

今を楽しむ人が、幸せになる

あなたにとって、心の底から「楽しい」と思えるのは、何をしている時間でしょうか。

私は、映画です。

映画を見ている間は、それ以外のことをすべて忘れて映画の世界に没入することができます。興奮し、ワクワクし、ドキドキし、共感し、感動し、涙を流す。ありとあらゆる感情の体験。極上の時間、至福の時間。映画を見終わると、「ああ楽しかった」と心から思います。

「映画を見ている瞬間って、本当に楽しいな」と思います。

映画を月に3本見れば、その「楽しい」時間は3倍に膨れ上がり、月に10本見れば10倍になります。それを一生続けられたとしたら、どれほど楽しい人生になるでしょうか。というか、私はそれをずっと続けています。

自分の「楽しい」瞬間がわかれば、その時間を増やせるように努力すればいいのです。

グルメとか、旅行とか、パートナーと過ごす時間とかペットと過ごす時間とか、人によっていろいろ「楽しい」瞬間は異なると思いますが、純粋にその時間を増やせば、あなたの「楽しい」「幸せ」な時間が増えていき、あなたの人生の中で「楽しい時間」の占める割合は増えていきます。

それが、「楽しい人生」であり「幸せな人生」ということではないでしょうか。

今のあなたの必死な努力の末に、10年後に「幸せな未来」が待っているかというと、そんなものは存在しないのです。「未来」という時制はイメージの中にしかなく、存在するのは「今」という時間だけです。未来は、ただ「今」の連続の先にあるだけです。

つまり、「今」、小さな幸せを感じられない人は、永久に幸せになれないのです。幸福感「0」の人がある日突然、幸福感「100」になるということはありえないのです。

小さな幸せでいいので、その「幸福感」を、今、感じられるのか。今日、感じられるのか。それが大切です。

つまり、**「楽しむ」ことこそが人生です**。

今、「我慢する」人は、一生我慢が続くだけです。

ですから、あなたが「自由な時間」を少しでも持つことができたのなら、その時間を「楽しむ」ために、優先的に割り振ってほしいのです。

それも、テレビやゲームとかの表面的な刹那的な「楽しみ」ではなく、心から楽しいと思える活動に、あなたの本当に貴重な時間を費やすべきです。

楽しいアンテナを立てよう

あなたにとって、心の底から「楽しい」と思えるのは、何をしている時間でしょうか。

この質問をたくさんの人にしているのですが、なんと「わからない」という人が意外に多いのです。

自分の本当の「楽しい」がわからない人は、「自分だけの最強リフレッシュ時間」を持つことができません。何をしても「楽しい」と思えないわけですから。

自分の「楽しい」がわからない人は、「楽しいアンテナ」が立っていません。

「毎日、楽しいことがない」と思っている人でも、日々の自分の心の動きを観察していれば、**「ワクワクする」ことや「楽しい」と感じる瞬間が必ずあります。そうした瞬間を見逃してはいけません。「自分は、○○している瞬間が本当に楽しい」と、自分で意識することが大切です。**そういう意識を常に持ち続けることを、私は「楽しいアンテナを立てる」といいます。

楽しいアンテナが立っている人は、自分から「楽しい」ことに足を踏み入れて、楽しそうな場所に顔を出し、楽しむチャンスを引き寄せることができます。

自分の「楽しい」がよくわからない人は、本当は楽しいかもしれない誘いがあっても、断ってしまうかもしれません。

自分の「楽しい」を知っている人は、自由時間に「楽しい」を割り振るだけで、「楽しい」が無限に増殖していきます。毎日、楽しくてしょうがない人生を送ることができます。自分の「楽しい」を知らない人は、たまたま偶発的に起きる「楽しい」を待ち続けるしかありません。それは週に1回かもしれませんし、月に1回かもしれません。逆を言えば、人生の大部分が、「楽しくない」出来事で埋め尽くされていくのです。

人生は楽しむためにあります。

もっと「楽しい」アンテナを立てましょう。日々の生活の中に、「楽しい」と思える瞬間が、必ずあります。そんな瞬間に出会ったときに、忘れる前に、きちんと「記録」することです。

寝る前15分の習慣。「今日あった、一番楽しかった出来事をSNSに投稿する」をしていれば、自然と「楽しい」アンテナが立ち、自分の「楽しい」がわかるようになっていきます。

遊びの「ToDoリスト」を書く

自分の「楽しい」がわかっている人は、その「楽しい」時間を増やすように工夫することです。偶発的にできた自由時間に、自分が最も「楽しい」と思うことをする。それを繰り返すと、あなたの「楽しい」は無限に増殖していき、あなたの人生は間違いなく楽しいものになります。

そのために必要なのは、遊びの「ToDoリスト」です。

仕事の「ToDoリスト」を書いている人は多いと思いますが、遊びの「ToDoリスト」を書いている人はほとんどいないでしょう。

遊びの「ToDoリスト」を書くようにすると、空き時間が猛烈に濃くなります。

空き時間、自由時間ができても、多くの人はなんとなくだらだら過ごしてしまいます。

しかし、遊びの「ToDoリスト」を書くと、自分にとって「優先してやりたい遊び」「優先してやりたい楽しいこと」を、行動に移せるようになります。結果として、自由時間、余暇時間の濃度が猛烈に濃くなります。

先ほども述べたように、私にとっての最も楽しい遊びの時間は、「映画」です。

たとえば、私の月間スケジュールには、今月見たい映画のリストとその公開日が書かれています。それによって、見たい映画を見る確率が飛躍的に増えて、見たい映画を見逃す率が劇的に減ります。

たまたま、夕方の5時までに仕事が終わり、突然、フリーな時間ができた。その場合、「あっ、見たい映画リストの映画が、今日公開だから見に行こう」ということになるのです。

これが、「見たい映画リスト」を作っていなかったとしたら、なんとなくそのまま家に帰って、なんとなくだらだら過ごすだけで、時間が過ぎてしまいます。

あるいは、私は食べ歩きが大好きなので、地域ごとに「行きたい店リスト」を作っています。六本木、渋谷、神保町など、地域ごとに、行ってみたいレストラン、居酒屋、寿司屋、カレー屋などをリスト化しています。

たまたま神保町で打ち合わせがある場合、「神保町で行きたいカレー屋があったから、打ち合わせが終わったら行ってみよう」ということになります。

「行きたい店リスト」を作っておくと、「ついで」の時間、スキマ時間で、新店発掘が効果的にできるのです。「一度は行ってみたかったカレー屋に行く」というのは、私にとっては「極上の時間」であり、「究極のリフレッシュ時間」です。

遊びの「ＴｏＤｏリスト」を書くことで、あなたの自由時間、スキマ時間が、圧倒的に楽しいリフレッシュ時間でいっぱいになっていくのです。

毎日が楽しくなります。そして、人生の濃度が間違いなく濃くなります。

「リラックス」時間を楽しむ

自由時間の使い方は、先に挙げた受動的娯楽、能動的娯楽の他に、「交流」「音楽鑑賞」「考えごと・ボーッとする」という時間の過ごし方もあるでしょう。特に集中力を使うわけではありませんが、非常にリラックスした時間の過ごし方です。

夫婦の会話、子どもと遊ぶ時間、友人や恋人との食事、ペットと遊ぶことなど、「交流」する時間。好きな音楽を聴きながらソファーでのんびりと過ごす。風呂に入って、ボーッとしたり、今日あった出来事を思い返したりする。

こうした時間の過ごし方を「リラックス系娯楽」と呼びましょう。言うなれば「弛緩した時間」です。この「弛緩した時間」がとても重要です。なぜならば、**昼は緊張し、夜は弛緩して過ごすのが、最も健康的な時間の使い方だからです。**

「リラックス系娯楽」は、言うなれば「集中力をゼロにする」と言い換えてもいいです。日中の仕事術では、「集中力を高める」ことばかり書きましたが、夜の時間帯で集中力を緩める時間がなければ、翌日の集中力は高まらないのです。

「リラックス系娯楽」については、「寝る前2時間の過ごし方」（193ページ）で詳しく書きましたが、ぜひ寝る前の時間帯に取り入れてほしい時間の使い方です。

能動的娯楽はとてもいいと書きましたが、仕事以外がすべて能動的娯楽になってしまうと、集中力をゼロにし、弛緩した時間帯がなくなってしまいます。寝る前くらいは集中力をゼロにして、「緊張」と「弛緩」を交互に、バランスよく回していくことで、日々のパフォーマンスを最大化できるのです。

おわりに

精神科医の私が時間術について書いた本当の理由

構想10年、製作2年。

10年以上温めてきた、私の中の重要なテーマ「時間術」がようやく形になりました。

精神科医の時間術ということで、「脳のパフォーマンスを最大まで引き出す」ということにフォーカスし、最新研究に基づく脳科学的な根拠を盛り込み、「神・時間術」として体系化しました。

これは、私が毎日行っている時間の使い方そのものであり、私の生き方、生き様そのものでもあります。

私は精神科医として、一つのミッションを掲げています。

それは、「日本人の自殺・うつ病」を減らすということです。

「そんな大それたこと、どうやってやるんだ？」と多くの方が思うでしょうが、その戦略は簡単です。日本人の自殺や過労死が起きる理由は、日本人の労働生産性の低さ、効率の悪い働き方、仕事中心で「自分の健康」や「家族」を犠牲にしたワークスタイルが原因だ、と私は考えます。

つまり、日本人の「ワークスタイル」さえ変われば、自殺も過労死も今の半分以下へ激減すると思っています。

仕事を頑張るのはいいのですが、ただ根性だけで必死に頑張っても、集中力が下がっていき、効率の悪い長時間労働になってしまいます。

自分の趣味の時間、楽しむ時間、家族と過ごす時間を大切に、「リフレッシュ」を意識する。完全回復して、睡眠をきちんととって、定期的に運動する。それによって、脳のパフォーマンスは最大まで高まります。

「神・時間術」のノウハウを実践すれば、「仕事の成功」「家族への愛情」「自分の趣味への熱中」「圧倒的に幸福な時間」、そして「健康」。人生に必要なすべてが手に入ります。

それが広がることで、結果として、仕事のストレスで病気になったり、自殺する人がほとんどいなくなる社会が実現するのです。

これが、精神科医の私が「時間術」の本を書いた本当の理由です。

「自分」と「家族」を大切にしたうえで、バリバリと仕事を頑張る。そのように日本人が効率的な働き方ができるようになり、結果として病気になる人が一人でも減ることにこの本が役立てるのなら、精神科医としてこれ以上の幸せはありません。

そのためにも、まずあなたが、この「神・時間術」を実践して、自分の「自由な時間」と「心と身体の健康」「最高の脳パフォーマンス」を手に入れてほしいのです。

この本は、約2年間かけて作りました。私の執筆期間としては、過去最長です。

最後になりますが、長期間にわたり集中力を切らさず熱心に関わってくださった、編集者の種岡健さんに心より感謝を申し上げます。

２０１７年３月　樺沢紫苑

参考図書

『フロー体験入門 楽しみと創造の心理学』（M・チクセントミハイ著、世界思想社）
『フロー体験 喜びの現象学』（M・チクセントミハイ著、世界思想社）
『脳を鍛えるには運動しかない！』（ジョン・J・レイティ著、NHK出版）
『脳の力を100％活用するブレイン・ルール』（ジョン・メディナ著、NHK出版
『ハーバード集中力革命』（エドワード・M・ハロウェル著、サンマーク出版）
『自分を操る超集中力』（メンタリストDaiGo著、かんき出版）
『ブレイン・バイブル』（ジョン・アーデン著、アルファポリス）
『脳からストレスを消す技術』（有田秀穂著、サンマーク文庫）
『朝の5分間 脳内セロトニン・トレーニング』（有田秀穂著、かんき出版）
『朝やる気になり夜ストレスを消す 切替脳の活かし方』（有田秀穂著、ビジネス社）
『受験脳の作り方 脳科学で考える効率的学習法』（池谷裕二著、新潮文庫）
『なぜ、「これ」は健康にいいのか？』（小林弘幸著、サンマーク出版）
『この法則でゾーンに入れる！ 集中「脳」のつくり方』（茂木健一郎著、朝日出版社）
『脳を最高に活かせる人の朝時間 頭も心もポジティブに!!』（茂木健一郎著、すばる舎）
『週刊ダイヤモンド2017年1／14号 仕事・勉強に効く「集中力」＆記憶術・速読術』（ダイヤモンド社）
『大事なことに集中する 気が散るものだらけの世界で生産性を最大化する科学的方法』（カル・ニューポート著、ダイヤモンド社）
『スタンフォード式 最高の睡眠』（西野精治著、サンマーク出版）
『人はなぜ眠れないのか』（岡田尊司著、幻冬舎新書）
『基礎講座 睡眠改善学』（堀忠雄、白川修一郎監修、ゆまに書房）
『残業ゼロがすべてを解決する ダラダラ社員がキビキビ動く9のコツ』（小山昇著、ダイヤモンド社）
『労働生産性の国際比較 2016年版』（日本生産性本部発表）http://www.jpc-net.jp/
『脳を最適化すれば能力は2倍になる』（樺沢紫苑著、文響社）
『頑張らなければ、病気は治る』（樺沢紫苑著、あさ出版）
『精神科医が教えるぐっすり眠れる12の法則 日本で一番わかりやすい睡眠マニュアル』（樺沢紫苑著、Kindle電子書籍）

[著者]
樺沢紫苑 Shion Kabasawa
精神科医、作家
1965年、札幌生まれ。札幌医科大学医学部卒。
Facebookやメールマガジン、Twitter、YouTubeなどインターネット媒体を駆使し、累計40万人以上に、精神医学や心理学、脳科学の知識、情報をわかりやすく発信している。
月20冊以上の読書を大学生の頃から30年以上継続している読書家。そのユニークな読書術を紹介した『読んだら忘れない読書術』（サンマーク出版）は、年間ビジネス書ランキング第10位（オリコン）、15万部のベストセラーとなっている。
主な著書は『脳を最適化すれば能力が2倍になる』（文響社）、『ムダにならない勉強法』（サンマーク出版）、『「苦しい」が「楽しい」に変わる本』（あさ出版）など20冊以上。

公式メルマガ：https://bite-ex.com/rg/2334/7/
公式ブログ：http://kabasawa3.com/blog/
YouTube：https://www.youtube.com/webshinmaster
DMMオンラインサロン「樺沢塾　精神科医の仕事術」：https://lounge.dmm.com/detail/60/

無料プレゼント「速読なしで15分で本を読む方法」（動画セミナー15分）
https://canyon-ex.jp/fx2334/15min01

脳《のう》のパフォーマンスを最大《さいだい》まで引《ひ》き出《だ》す
神《かみ》・時《じ》間術《かんじゅつ》

2017年4月25日　第1刷発行
2025年1月20日　第27刷発行

著　者　　樺沢紫苑《かばさわしおん》
発行者　　佐藤　靖
発行所　　大和《だいわ》書房
　　　　　東京都文京区関口1-33-4
　　　　　電話　03-3203-4511

カバーデザイン　井上新八
本文デザイン・図版作成　荒井雅美（トモエキコウ）
本文印刷　信毎書籍印刷
カバー印刷　歩プロセス
製本所　小泉製本

ISBN978-4-479-79582-7

http://www.daiwashobo.co.jp